わたし、少しだけ神さまとお話できるんです。

井内由佳

幻冬舎文庫

わたし、少しだけ神さまとお話できるんです。

プロローグ

はじめまして。井内由佳と申します。
わたし、少しだけ神さまとお話できるんです。

こんな自己紹介をすると、神棚の前で白装束をまとって、髪を振り乱しながら祈禱《きとう》する……。きっと、そんな女性を想像されるかもしれませんね。でも、わたしはそうではないんです。食べ歩きが好きで、お酒も大好き。美容にも、ファッションにも興味があります。主人と四人の子どもを愛する（あ、そういう意味では髪を振り乱しつつ、家事をしている場面はありますが）、一般的な主婦なんです。

ただ、神さまの詞《ことば》、「お告げ」を聞くことができ、神さまが教えてくださる「しあわせになれる考え方」をみなさんにお伝えすることができる、その一点だけが違います。後の章でいきさつをお話ししますが、二十五歳でお告げが降りるようになり、二十八歳からいままで、多くの方から相談を受けてきました。相談に来られた方に神さまのお告げを伝え、現在も福岡市内の自宅で、毎日のように相談にのっています。

神さまと出会うまでのわたしは、特に困ったことがあるわけではなかったのですが、かといって、満たされた気持ちでいるわけでもありませんでした。そんなわたしが神さまと出会ってからは、自分でも驚くほどの展開で、人生が開けていきました。もちろん、人生、山もあれば谷もある。もしかしたら人よりも少し険しい山を越え、けっこう深い谷を渡ってきたのかもしれません。けれど、山に登った人だけにしか見えない景色があるように、谷底を歩いた人でなければ知ることのない深さがあるように、わたし自身が神さまのお告げの意味を知るための、貴重な経験をさせていただいたのだと思っています。

わたしは霊媒師ではないので、この本はスピリチュアル系というわけでもないし、やさしく、心温まるような励ましの言葉を並べた癒し系でもありません。むしろ背中をバーンと押すような、厳しい言い方もする、いわばパワー系です。

この本は、神さまからのお告げや、わたし自身の経験そのものを織り込みながら、「しあわせになるための考え方」を心を込めてしたためました。

縁あって、この本を手にしてくださったあなたの、しあわせへの第一歩、運命の転換点となれたら幸いです。

わたし、少しだけ神さまとお話できるんです。目次

その二「人間関係のこと」 101

しあわせが舞い込んでくるのには、理由があるのです。

その三「仕事のこと」

その四 「お金のこと」

写真　古川耕伍

本文デザイン　鈴木成一デザイン室

第1章

わたしのこと、少しお話ししていいですか

自分のことをあれこれお話しするのはどうか、と思いましたが、やはり神さまのことを知っていただくには、わたしの実体験をお話ししたほうがわかりやすいと思うんです。

神さまとの出会い

いまから二十数年前のことです。わたしは福岡で、大学生最後の春休みを謳歌していました。そこに、小学校から高校まで一緒だった幼なじみが、帰省で戻ってきました。彼女が開口一番、「鎌倉に、神さまとお話ができるおばあちゃんがいるって聞いたんで、行ってきたのよ！」と教えてくれました。そのおばあちゃまは神さまの使いとして、ご自宅で多くの人の相談にのり、神さまの詞《ことば》、「お告げ」をみなさんに伝え、しあわせへの道をつけていらっしゃるということでした。

その神さまのお名前は「木《この》花《はな》咲《さく》耶《や》姫《ひめ》」。『古事記』『日本書紀』にも登場する女神さまで、瓊瓊《にに》杵《ぎ》尊《のみこと》の妻となり、海幸彦、山幸彦を生んだ方です。

わたしはいつの頃からか、漠然と「日本のどこかに本物の神さまのお使いのような人がきっといる」と思っていました。ただ、それまでは出会ったことがないというだけで。

「お会いしてみたい！」。そして「わたしの願いを聞いていただきたい！」と思いましたが、両親から仕送りをもらっての生活ですから、そう簡単にはいきません。すると、その幼なじみが「ほんとうに鎌倉に行きたいと毎日神さまにお願いしていれば、不思議と行ける日がくるらしいよ」と教えてくれたので、それならば、と毎日お願いをしていました。

その日は突然来ました。朝、アルバイト先の社長から電話があり、「今日から学校を三日休めるか？」と聞かれたのです。「何とかなると思います」と答えると、「東京出張に行くが、飛行機が嫌いだから、隣に座ってほしい。東京に着いたら自由行動で、あさってまた羽田で落ち合って、同じ飛行機に乗ってくれないか」という、考えられないような話でした。わたしは、神さまの話を聞いた一ヶ月後には、そのおばあちゃまのご自宅を訪ねることができたのです。

やさしく、可愛らしい印象のおばあちゃまの前に座り、最初にご相談したのは、就職のことでした。航空会社のキャビンアテンダントになりたかったのです。しかし、神さまの答えは「向いてないし、第一、なれない」ということでした。正直、がっかりしました。頼み事は何でも聞いてもらえると思って門を叩いたのに。それに、神さまならそこを何とかして、奇跡のひとつも起こしてくれればいいのに。そう思いました。

そんな卑しい心を見透かしたかのように、おばあちゃまは、「神さまなら、何でもしてくれると思うかもしれないけどさ、そんなこと、してくれっきゃないわよ。そんなことしてたら、人間だめになっちゃうわよ。神さまは人間をしあわせにするために、考え方を教えるのよ。神さまにお参りして、願い事を並べ立てて、『はい、そうですか、わかりました』なんて、そんな馬鹿な話はないわよ。しあわせになりたきゃ、しあわせになる考え方を覚えないとね。何事もそれからよね」とおっしゃいました。

そして、こうも。

「一番大切なのはさ、あんたがさ、いままでしてきたことを振り返って『悪かったぁ』と思うことをよーく詫《わ》びるのよ。お詫びが神さまに届けばさ、道が開きはじめんのよ」

これがきっかけで、わたしは神さまのことを勉強しはじめたのです。そして三年後、そのおばあちゃまのご指導によって、神さまからのお告げが降りました。二十五歳のときです。そして二十八歳のときから、人の相談にのるようになりました。

満たされない心

話は前後しますが、わたしは、建設省（いまの国土交通省）に勤める父と、中学の体育教師である母の間に、長女として生まれました。両親が共働きだったため、小学校に上がるまで隣町に住む曾祖母に育てられました。

曾祖母は愛情たっぷりに、手塩にかけてわたしと二つ下の妹を育ててくれました。曾祖母のことは大好きでしたが、幼稚園の保護者参観では、わたしは曾祖母ではなく、母の姿を必死に探していました。心に何か満たされないものがあったのだと思います。

小学校に入り、両親と暮らすようになると、いままでと勝手が違い、戸惑いました。そして、外でうれしいことがあって家に帰ってきても、思いがけないことで両親に叱られ、居場所がないような、どこか淋しくてつまらない少女時代を送りました。

わたしは好奇心旺盛で、物事への興味は強かったと思います。でも、好奇心から興味を持ち、行動範囲やつきあう人の幅が広がることによって、両親から叱られることも増え、さらに自分の居場所をなくしてしまうことになりました。窮屈で、ここから飛び出したい、駆け出したい、そんな気持ちで高校生活を送っていました。

大学に入って、二年生のときに主人と知り合い、おつきあいが始まりました。でも、一年ちょっとで二人の仲はぎくしゃくしはじめ、別れました。わたしは主人のことを大好きなのに、別れたくないのに、でも、そういう結果を招いてしまったんです。いつも心が満たされない、思いと違う方向に展開していく人生に不安を感じていました。

ちょうどその頃、神さまに出会ったのです。そして、この世には、神さまが作った「人間がしあわせになるための法則」があることを知り、勉強し、そのひとつひとつを実行していきました。

とにかくやってみる

わたしは、自分の人生を神さまからのお告げに賭けることにしました。「賭ける」なんていうと、何も努力せずに儲《もう》けたり、その瞬間から劇的に物事が好転したり、というイメージを持たれるかもしれません。わたしの場合、そういう意味ではなく「とにかくやってみよう。神さまのお告げを信じて、自分にできることには全力投球してみよう」と思ったのです。そして、もし何も起こらなかったとしても、それはそれで悔いはない、と思えたのです。やってもみないで、後になってから「あのとき、神さまから教わったことを実行していたら、しあわせになれたかもしれない……」なんて、後悔するのがいやだったんです。

結果は次々に出ました。いえ、目に見えてぐんぐん幸せになった、というのではなく、自分の運命が回りはじめた、という感じです。自分の仕事も、主人との関係も、結婚後の家の問題も、良かったり悪かったりをくり返しながらも、そのたびに神さまから教えていただいた方法で取り組み、自分の心のあり方を見つめ、反省し、改めることによって、徐々に上向きになっていきました。

主人とは、元の関係に戻れないまま卒業を迎えました。彼は原宿にあるアパレル会社に就職し、わたしは福岡で働くことになりました。この距離が二人の仲をもっと遠ざけるような気がして、わたしは会社の上司に掛け合って、東京への異動を申し出ました。

その年の十月には、彼の住まい近くにアパートを借りました。彼に望まれて上京したわけではありませんから、あまり会うこともありませんでした。でも、彼からいつでも連絡を受けられるように、二十数万円出して、お弁当箱くらいの大きさの、最新モデルの携帯電話を買ったのです。

お告げが降りるようになって

二十五歳のときでした。わたしは東京で働いていて、バブル経済の中、仕事もおもしろくなり、公私ともに充実していました。主人とはつかず離れずの間柄のままでしたが、それでも彼への思いは変わりませんでした。そういう生活の中、毎週末のように、鎌倉のおばあちゃまのところに通っていましたら、ある日「神さまがね、由佳にそろそろお告げの練習をさせろって言うのよ」と言われたんです。「え？　お告げの練習？」と思われるでしょうね。実は、神さまは、人口に対してある一定の割合の人に、お告げを降ろしているのです。けれど、それがお告げと気づかない人や、そのお告げを利用して、自分の欲のためだけに使い、破滅する人もいます。だから、きちんとしたご指導のもとで、ちゃんと練習する必要があるんです。

そしてある日、ついにお告げが降りました。カットソーを着ていたわたしに、「そんな肩の開いた服、着るんじゃないわよ」。本当に、神さまは女性の声でした。この方が、木花咲耶姫さまなのだと納得しました。そのときから数日間、いろいろなお告げが降りましたが、思った以上にお告げの解釈は難しく、わたしはいつも考え込んでいました。

最初の頃は、ほとんどが単語だけでした。朝、家を出るときに「傘、傘」と聞こえるのです。いま天気がよくても雨が降るのだな、と思って傘を持って出ると、ほんとうに雨になりました。そのうち、単語から、だんだんセンテンスのつながった文章になって聞こえはじめました。

神さまは不思議なことも見せてくれました。横断歩道で信号待ちをしているとき、「いまから、向かい側に立っている人をわたしの力で別の方向に歩かせます」と聞こえ、こちらに向かって歩きはじめようとする人が、突然、くるっと向きを変えて歩き出しました。また、テレビを見ていても、ニュースなどの解説をしてくれます。

大火事のニュースを見ていたときは、「火事でも交通事故でも、いきなり大きなものにはならない。灰皿を燃やしてボヤを起こしたり、車を壁にこすったりと、小さなサインが何度か起こっているはず。それを何度かくり返しながらも、気づかない人がこうなる」と話してくれました。そんなふうに、神さまがひとつひとつ、手取り足取りといった感じで、教えてくださったのです。

あるとき、ベッドに寝転がってテレビを見ていたわたしに、神さまが言ったんです。

「これから、あなたの人生を左右する大切なことを教えるから、ちゃんと座って聴きなさい」

わたしはベッドの上に正座しました。すると、

「大事なお告げをベッドの上なんかで聴くものではありませんよ。神棚の前に座りなさい」と、叱られました。

わたしが神棚の前で正座すると、お告げが降りました。

「広太郎くん（主人のこと）に、そろそろ会社を辞めて、福岡で車屋を始めることを考えるように言いなさい」

主人の転職

また話は少しさかのぼりますが、主人は、大学卒業後、東京のア

パレル会社で働いていました。わたしとおつきあいをしていた大学四年生のとき、一緒に鎌倉のおばあちゃまのところに訪ねてくれて以来、わたしたちが別れた後も、何度か鎌倉に一緒に行ってくれました。自分のことは何も相談しませんでしたが、「あのおばあちゃんに会うと、心の洗濯ができるんだ」と言っていました。

ある日、「朝起きたら首が回らなくなっていたんだ」と、彼がわたしに電話をしてきました。「それは神さまからの合図だから、鎌倉に行って、お話を聞いてみたら」とすすめました。彼がおばあちゃまを訪ねると、「それはね、このままその会社に勤めていたら首が回らなくなるって、神さまがおっしゃってるわよ。あんた、何が好きなのさ?」と聞かれました。「車が好きです」と彼が答えると、「いきなり車っていうわけにもいかないだろうから、まずは営業の勉強をしないとね」と、転職するようにすすめられました。

転職後には、「その会社も、そう長くはないはずだから。その時期は神さまがちゃんと教えてくれるわよ」とも言われました。その通り、一年も経《た》たず、神さまからの合図があり、「いよいよ車の販売会社に移るのよ」と背中を押してくださいました。そのときのお告げは、とても印象深いものだったと、後から主人に聞きました。

「あんた、ベンツって知ってる？」

おばあちゃまが、「何だかわからないけど、ベンツってものがあるらしいのよ」という口ぶりで言ったそうです。

「はい、知ってます」

「神さまね、ベンツがいいっておっしゃってるわよ」

主人はこのとき、おばあちゃまが、ほんとうに神さまの声を伝えてくれているんだと確信したそうです。それまでは、お告げを疑ってはいなかったけれど、これほどまでにハッキリと「神さまの声」を感じ取ったのははじめてだったそうです。

こうして、ヨーロッパ車を扱う自動車販売の会社に転職。転職してすぐはつらい時期もあり、続けられるかと悩んだ彼も、三年後には売り上げ成績も伸び、日々が充実したものとなっていました。

わたしも彼とはいい距離感でいられて、仕事にも意欲が増し、このままの関係を続けられたら、それでいいと思っていました。わたしが二十五歳のときで、お告げが降りはじめた頃のことです。

結婚へのステップ

そして、満を持してわたしに降りてきたのが、あの「福岡に帰って、そろそろ車屋を……」のお告げなのです。実は、前触れはあったんです。数ヶ月前に福岡に帰ったとき、レンタルレコードのショップオーナーから、「店を閉めたいから、居抜きで千三百万で買ってくれる人を知らないか」と相談されていました。そのときに、神さまから「広太郎君に言いなさいよ」とお告げがあったのです。とは言われても、ない袖は振れず、お金の工面のことばかりを考えていました。

さらに数週間後に「あのお店、什器《じゅうき》とレコードだけを同業者が千三百万で買ったそうだよ」と聞いたとき、わたしは「このことなんだ！」と確信しました。中身は売れて、空間だけが残っている。ここで車屋を開業するんだな、と思いました。

ところが彼は「仕事もおもしろくなっているし、いますぐに会社を辞めるのは考えられない」と言っていました。けれど、わたしに降りたお告げを聞いた後、さらに鎌倉のおばあちゃまを訪ね、「そこで車屋、始めんのよ」とのお告げを聞いて、彼は心を決めたようでした。

自然の流れで会社を辞め、福岡に帰って車屋を始めることになりました。プロポーズの言葉なんて、ひとこともありませんでしたが、一緒にお店を始めて、一緒に暮らす……というふうに彼の話は進んでいきました。その展開に、一番驚いたのはわたしです。

それまでのわたしの人生は、思いと違う方向に展開していくものでしたが、この頃から、思いと同じ方向に展開していくようになりました。不幸ではなかったけれど、決してしあわせでもなかったわたしが、淋しさや虚《むな》しさからまったくかけはなれて、しあわせになっていきました。そして、平成二年十一月に入籍。主人と結婚できたことが、いまのわたしのしあわせの礎になっています。

神さまからのレッスン

お告げが降りるようになってから、いい展開が続きましたが、それればかりではありませんでした。特に、お金のことでは、神さまからずいぶん鍛えられました。

主人の会社は、お陰さまでお客さまにも恵まれ、販売に加え、整備の仕事もしなければならず、だんだん手狭になってきました。自宅は自宅で、わたしのところへ相談に来られる方が増えて、アパート住まいでは、周囲のお宅に心苦しく、引っ越し、移転が必然となってきました。このとき、お告げで「今度はこの土地を買うことになる」と場所を教えていただいたのですが、そこはわたしたちが、まったく考えてもいなかった場所でした。

ここで、ひとつお断りしておきたいのですが、わたしは神さまに自分のことをお尋ねしたことは一回もありません。その理由は、自分のことを尋ねるようになると、欲がからんでくるからなのです。ですから、このときのお告げはわたしにではなく、鎌倉のおばあちゃまが受けたものなんです。そして、地主さんが「売らないし、貸さない」というその土地を、神さまは「しばらく様子を見るように」とおっしゃいました。

しばらくすると、神さまが「ここ」と言った場所の向かいの土地す。が売りに出されました。ピンときたわたしたちは、どうにか綱渡りの資金繰りをして土地を買い、新たに店舗を兼ねた家を建てたんです。

一年が経って、一人目の子どもを授かり、会社も軌道にのりはじめて、少しだけ生活に余裕がでてきたように思えた頃でした。とんでもないことが起こったのです。裁判所から自宅を仮押さえしたという通知が来たのです。わたしたちは家を建てるとき、住宅金融公庫からの融資がおりるまでの繋《つな》ぎ資金として、工務店で紹介してもらったノンバンクから借りていました。ですから、そのノンバンクへは、住宅金融公庫からの融資がおりた後、工務店を通じて返済することになっていたのです。それは慣例として、工務店は取りはぐれのないように、顧客名義の通帳を持っていて、そこに住宅金融公庫からの融資を受け、工務店はそのお金を引き出して、ノンバンクに返済するという仕組みでした。それを工務店の社長が着服し、数日前に倒産したのでした。着服の金額は二千六百万円。途方にくれました。たとえわたしたちが工務店に返済をしていたとしても、工務店側がノンバンクに返済していなければ、井内名義の口座から振り出した手形がある以上、わたしたちが債務者になるのです。銀行員である友人は「その額の返済は不可能。もう破産しかないよ」と言いましたが、納得がいかず、裁判で決着をつけることにしました。

そうこうしているうちに、主人が病に倒れました。

何に気づけば道が開けるのだろう

そのときわたしは、二人目の子どもを妊娠し、四ヶ月目でした。主人は、家の近くの中規模の個人病院に入院したのですが、原因や病名がわからないまま、何日も高熱が下がりませんでした。わたしはとても不安になり、看護師長さんに伺いました。

「主人の容態は悪いんですか」

「奥さん、妊娠四ヶ月ですよね。わたしの口からは言えません。副院長が主治医ですから、くわしく聞いてください」と目をそらされるのです。ただ事ではないと、わたしは不安で胸がいっぱいになりました。そして副院長に呼ばれました。

「うちではこれ以上の治療はできませんので、大学病院でくわしく調べてもらって、治療してください。この紹介状を大学病院の先生に渡してください」

主人と一緒に大学病院へ向かうタクシーの中で、わたしはその紹介状を開けずにはいられませんでした。そこには息が詰まるようなことが書かれていました。「進行性悪性疾患が認められる」。気が遠のいて血の気が引いていくのがわかりました。でも後部シートには、ぐったりとした主人がいる……しっかりしなくては。そして、わたしが持つ運のすべてを使いつくしても、主人を助けなくてはと、強く、強く決心しました。

わたしは主人の病気と、裁判はつながっているのかもしれないと感じました。そして理由はひとつだろう、と。すぐに心当たりが浮かびました。

それは「主人が独立して以来、これまでやって来られたのは、わたしたち夫婦だけの力ではなく、たくさんの人に支えられてきたことを、いつの間にか忘れていたのだ」ということでした。今の満たされた生活が自然の流れであるかのように、自分たちの努力だけでここまで来たのだと勘違いし、人の恩も忘れ、目の前のことだけにとらわれていました。命とお金を取られるのは、自分たちが招いた結果なのです。そのことを神さまがピシリと叱ってくださっている。

この難局を数年後の笑い話にしなければ、と心に決め、わたしは生まれ変わる思いで、徹底的に考えを改めました。

まず、ひとつひとつの出来事を丁寧に感謝する習慣をつけました。誰のおかげでいまのこの「当たり前」や「ありがたさ」があるのかを、振り返ることとです。それと、自分は、誰かに何かをしていただいたことに対して、見合うことを相手にしているだろうかと振り返る習慣です。この習慣を身につけることによって、劇的に流れが変わったのです。

調べてみたら、金融機関も工務店の社長がその資金を着服して、運転資金に使っていたことを黙認し、我々に住宅の引き渡しが終わった後も、その社長から金利を受け取っていたことがわかりました。そのことで和解が成立し、金融機関との過失割合が七対三となりました。

わたしたちが支払うのは、千八百二十万円。さらに弁護士料百八十万円。合計するとちょうど二千万円です。数週間前に五百万円の融資を断られていたばかりで、とてもその金額を用意できるとは思えませんでしたが、なぜか銀行の担当者が来られ、「いくらいりますか」と聞いてくれたのです。事情を説明すると「それなら二千万で検討します」という話になり、十日もしないうちに、融資は決まりました。

主人も「原因不明」のまま退院が決まり、自宅療養する中で、徐々に体調が戻ってきました。

それから一年後、主人を大学病院に紹介してくださった病院の先生が、偶然、私どものお客さまとして来られました。先生は主人の顔を覚えていてくださり、「実はね」と教えてくれたのですが、カルテには「肺がん」と記されていたということです。

あのとき、考え方を改めたことが、主人の命をつなぎ、いまの生活をつないでくれたのだと確信しています。それ以来、お金の苦労はグンと少なくなってきました。神さまに「この土地を買うことになる」と言われた場所が、いまは主人の会社の展示場になっています。

スーパーから百貨店へ

わたしは学生時代から、洋服にはとても興味がありました。でも正直なところ、結婚してからというもの、服にこだわるほどの経済的な余裕がありませんでした。子どもは三人に増え、主人の経営する会社も切り盛りが楽というわけではなかったので、服や靴はスーパーで買い、五千円の服がお出かけ用。主人も、知人のアパレルメーカーのファミリーセールで、少々難アリのスーツを九割引で買っていました。

それが、あるとき百貨店に入り、ちょっと服を試着してみたんです。これまで感じたことのない着心地のよさ、可愛いデザイン、大量生産ではない特別感。この一枚の服を手に入れた喜びは、わたしの「がんばり」に火をつけました。よし、次は新しいブランドに挑戦できるように、仕事も家庭もがんばろう。そんな感じです。でも、誤解のないように言っておきますが、決してお金のためにがんばろう、という意味ではないんです。お金のためにがんばっても、お金は入ってきませんし、自分のためだけに貯め込むよりも、もっとお金と仲良くなれる方法があるんです。これは第3章でくわしくお話ししますね。

しあわせになるには、あなたが主役になること

これまでお話ししたように、神さまと出会い、しあわせの法則を学んだからといって、すべてが順風満帆に運んだかというと、そんなことはありません。いま、しあわせだからといって、これから先

も安泰とも限りません。

それは、こういうことだと思うんです。

たとえばあなたが、おいしい料理を作るためのレシピを手に入れたとします。でも身体を動かさなければ、じっと待っていても料理は食卓にのぼりません。人生も同じ。神さまのお告げが、しあわせのレシピなんです。それは素晴らしいレシピですが、あなたがやってみなければ、しあわせを味わうことはできません。わたしがここに書いているお告げは、すべてわたしの実生活の中で実行し、経験したことです。レシピどおりに行動すれば、問題は解決し、願いは叶《かな》っていくということも、わたしは実感しています。

飛び込んでください

この本を書いた動機は、あなたのように「しあわせになりたい」

人に、その考え方を伝えたいという気持ちからです。相談に来られる方もそうですが、世間を見回してみると、みなさんあきらめが早すぎるんじゃないかと思うんです。「どうせこういう運命だから」「いまさら、無理だし」と。でも、あきらめることは、いつでもできるんです。この本にあきらめないで済む方法を書きますから、まず、やってみてほしいんです。すると必ず結果が出ます。神さまがよく言うのは、こんなことです。

「悩みに悩んで、もう後がないという人は、断崖絶壁に立っているような状態。そこから、こちら側に思い切って飛び込めば、ヒュッと救いあげてあげられるのに、壁にギュッとしがみついているので、手を差し伸べようがない。思い切って飛び込んでくれたらいいのに」

だからどうか、ひとつだけでも実行してみてください。最初は小さい変化が生まれるはずです。そこに気づけば、それをステップに飛躍できるんです。

しあわせとは満たされること

わたしはいつも「わたしよりしあわせな人を見たことがない」と思っています。世の中には、一見、しあわせそうに見える人はたくさんいます。お金持ちだったり、才能が注目されたり、意義ある仕事に燃えていたり……。けれど、心のどこかで人を疑ったり、うらやんだり、悩みや虚しさといった陰を背負って生きている人がほとんどだと思うんです。

もちろん、わたしも日々の仕事や子育ての中で、なにかと小さな問題は尽きません。けれど、それを補ってなお余りある「多幸感」。毎日が小さな奇跡の連続で、思わぬ人との縁がつながったり、周りの方々の恩を受けて、しみじみ「ありがたい」と感謝できる日常がありあます。この、まんべんなく満たされた、満月のような気持ちをあなたにも味わってほしいのです。

神さまがお告げで教えてくれる考え方を実践して日々を過ごせば、誰でもしあわせになれるんです。だから、どうかあきらめないで！

第2章

神さまは、しあわせになる考え方を教えてくれます

願い事が叶う方法

神社に参拝して「しあわせになれますように」と、神さまにお願いをしたことがありませんか。「良縁に恵まれますように」、「就職がうまくいきますように」、「希望の学校に入れますように」とお願いをしたことがない人のほうが、少ないかもしれません。

神さまがその願いを聞いて、「はい、わかりました」とは言ってくれない、ということをわたしは鎌倉のおばあちゃまから、最初に教えていただきました。そう、神さまはあなたに、ステキな彼や、就職試験や入学試験の合格をプレゼントしてくれるわけではありません。そうではなく、あなたがステキな彼と結ばれたり、試験に合格したりするための考え方・生き方を教えてくださるのです。具体的なことは、第3章でお話しすることにして、ここでは、その「考え方」についてお伝えしますね。

しあわせになるも、不幸になるも、どう思い、どう感じるか。

つまり、神さまから教わった「しあわせになれる考え方」を覚えて、身につけること。そして、不幸になる考え方を断ち切ることが大事なんです。

不幸になる考え方とは、自分の考えに責任を持たないこと。困ったことが起きたら、あのとき、あの人がこう言ったから、こうしたからと、人のせいにする生き方。そして、自分の大変さをわかってほしいと思う考え方。これでは、いつまでたってもしあわせはつかめません。まず、自分の生き方に責任を持ち、自分が選択することに責任を持つこと、そして人の大変さをわかって助けようとすることが肝要です。教わったことを実行するか、しないか、決めるのはあなた自身。極端な言い方をすれば、あなたをしあわせにできるのは、あなた自身しかいないのです。そのためには、どうすればいいかではなく、どう考えればいいか。あなたの心に応じて、生き方に呼応して、すべての結果は出てきます。

神さまの目が見ているところ

わたしのところに相談に来られた方には、いい結果につながるよう、お手伝いしたいと思っています。悩み事なら解決してほしいし、願い事なら叶ってほしい。それが神さまからのお告げを伝える者としての使命だと思うのです。

たとえばあなたに、神さまがわたしを通じてお告げをくださったとします。それは、「願いが叶わない原因」であったり、「悩みが解決しない理由」だったりします。そのお告げを聞いて、どう受け取るかが重要です。つまり、自分の反省点はどこかをよく見つめ、神さまにお詫びし、その解決方法を素直に実行することが幸せへの道なのです。

素直に……。これがポイントなのですが、多くの人は、そうはいきません。「あのときは、あの人がこう言ったから」とか、「時代がそういう流れだったから」というような言い訳をしていては、いつまでたっても悟れないのです。わたしはいつも、神さまの目だけを気にします。

神さまは、人間がしたり言ったりしたことは、あまり見ていません。「どう思ったか」をしっかり見ているのです。

神さまは言い訳やごまかしがお嫌いです。人からどう思われようと、言い訳せず、人のせいにせず、誠実に自然体で生きることに焦点を合わせれば、しあわせへの道が見えてきます。

神さまを信じる人

ところであなたは、神さまを信じるって、どんなことだと思いますか。普通、神さまを信じるといえば、神さまを祀《まつ》り、崇《あが》め、祈ることを指すことが多いですね。でもそれだけでは、神さまを信じているというには不十分なんです。

神さまを信じるとは「いままで考えてきたこと、生きてきたことが現在《いま》を作り、いま考えていることが未来《あした》を作る」と、わかること。

嘘をついても、言い訳しても、それは刹那のごまかしでしかなく、真実はいつか露呈します。人にしたこと、していることが、自分の人生を作る。それらをわかった人が神さまを信じている人と言えます。

そして、神さまは「神さまの目と自分の目」を意識する人がお好きです。

神さまの目と自分の目を気にせずに、人の目ばかり気にする人は、たとえどんなに困ったときに神さまにお願いする人であっても、神さまを信じているとは言えません。

なぜなら、人の目を気にするあまり「こう思われたい」「こう思われたくない」という気持ちが強く、ついつい自分を演出してしまうからです。演出するということは、どうしても、何かを誇張したり、隠したり、言い訳したり、嘘をついたりが必要になってきます。

一方、神さまを信じる人は、「誰が見ていなくても、神さまと自分だけは本当のことを知っている」と思うので、嘘や言い訳や隠し事をしない、自然体で生き、「こう思われたい」ではなく「こうありたい」という考えで生きているのです。「こうありたい」と思う人は、心を磨く努力を怠りません。心を磨く以外にしあわせになる術《すべ》などないと知っているからです。つまり、神さまを信じる人とは、神さまに祈ったり、願ったりする人ではなく、「神さまの目と自分の目を意識して、心を磨く努力を怠らない人」のことをいうのです。

神さまから好かれる人

神さまの好きな考え方をしていれば、上向きの人生になっていきます。神さまの好きな考え方をひとことで言うと、

「可愛げのある考え方」

なんです。それは、こういうことです。

「何かにつけ、また誰に対しても、ありがたいと感謝できる考え方」

可愛げのある考え方、つまり感謝の心を持っていると、人を喜ば

せることをしたくなるものです。人のために自分の大事な時間とお金を使います。ほとんどの人は、自分のために時間とお金を使うのには何のためらいもありませんし、うれしいと感じるものです。けれども、人のために使えば惜しいと感じます。だから、それを人のために使えるというのは、ほんとうに感謝があるという証拠です。

神さまが嫌いなのは「可愛げのない考え方」。

つまり、「うまくいったのは自分の実力、努力。悪い結果が出たのは人のせい」というような考え方です。可愛げのない考え方を持つと、自分と自分の子どもを喜ばせることばかりをしたくなります。人のために時間やお金を使うことにはためらいがあり、なかなかできません。だから、感謝しているということをアピールするために、時間やお金のかからない「言葉」だけを使うことが多くなります。

そう、人はごまかせても、神さまはごまかされません。神さまから好かれないと、なかなかしあわせにはなれないようです。

神さまから嫌われる人

神さまから嫌われる人は、

「嫉妬心、競争心の強い人」

「自惚《うぬぼ》れて、自慢話の多い人」

「ケチで欲張りな人」です。


人間だから、いろんな欠点があって、それも魅力のひとつになることもあるのですが、この三つは魅力にはなりえないと神さまはおっしゃるのです。もちろん、嫉妬心や競争心がない人はいませんし、あって当然なのですが、強すぎてはいけないのです。「そこは、競争するところ、競争する相手ではないでしょう」というものに、メラメラと嫉妬心が湧き出るのがいけないのです。どうしてかというと、強い嫉妬心や、競争心は、悪くもない誰かを陥れたいと思う、意地悪な気持ちが働くからなのです。

そして「ケチ」とは、節約をする人や、自分のことにお金を使わない人のことをいうのではありません。自分のことには、たっぷり使うのに、その割に人のことになると、少ししか使えない、もしくはお金を少なめに出す、すぐ値切る、こういう人のことをいうのです。欲張りは「人が損をしたとしても、もらえるものはなるべく多くなんでももらいたい」、そんな人のことです。そして、ケチと欲張りはセットなのです。

この人たちの特徴は「一緒にいて、いやな人」、つまり「人から嫌われる人」なのです。だから、神さまは人から好かれている人が好きで、人から嫌われている人が嫌いなのです。

神さまに好かれて、たくさんのお力をいただくには、自分自身が人に好かれることがとても大事なのですが、ひとつだけ例外があります。それは、「人から嫌われている人に、嫌われるのはＯＫ」ということです。

どうしてかというと、前にも書いたように、人から嫌われている人は、だいたい競争心が強く、自惚れていることが多いものです。ですから、自分が引き立って、注目されていないと気がすまないのです。なのに、実際には引き立って注目されているのは、人から好かれている人です。すると、その人に嫉妬して、足を引っ張ろうとするものなのです。ですから、嫌われている人に嫌われても、それは気にしなくていいのです。

神さまの力が働くとき

神さまは、祈る人の願いをなんでも叶えるわけではありません。そして、努力をしない人は救いません。では、神さまはどんな人の願いを叶えたり、力を見せたりしてくれるのでしょうか。

神さまの力は、神さまを信じていてもいなくても、そして日本人であっても、フランス人であっても、インド人であっても、どんな人の上でも働いているのです。「自分と相手との差」に働いて、その差がなくなるように調整しているのです。

人からしてもらうよりもしてあげたことの多い人は、そこにプラスの差が出てきます。心や時間、労力やお金をかけて、人のためにしてあげた人には、神さまがその差に働き、人からしてもらい足りなかった分を神さまがしてくださるのです。自分が望んでいるものが、「ご褒美」「幸運」という形でかえってきます。

逆に人からしてもらうことばかり待っている人、人にしてあげるのが惜しいと思う人は、してもらうことが多いので、そこにマイナスの差が生まれます。そうすると、神さまからしてもらいすぎとみなされ、「手に入れたものを失くす」「不運」という形でかえってくるのです。ですから、どんなに神さまに一生懸命お願いをしても、人のために自分の心、時間、お金を使う気のない人、してもらうことばかり考えている人には神さまの力は働かないのです。

そして、努力しない人に手を差し伸べてくれることもありません。自分の持っている力の80％の努力しかしない人には、20％をプラスして１００％の結果を出すことさえもしてくれません。ところが、自分の１００％の力を出し切って努力する人には、１５０％や２００％の力を出してくれます。「天は自ら助くるものを助く」ということわざがありますが、これは不変で普遍の真理なのです。

しあわせにしていくのは、自分の身近から

人にしてあげることが多い人は神さまから大きく力をいただい

て、人からしてもらうばかりの人は神さまから大切なものを奪われるのですが、だからといって、ただ与えればいいというわけではありません。

たとえば、親を大事にすることや、人にものを分け与えるのが善い事だということは、小学生でもわかります。けれども、大人にしかわからないことがあります。それは「優先順位」です。どんなに善い事をしていても、優先順位がまちがっていたら、悪い結果が出ることもあるのです。

たとえば、結婚した女性が、嫁ぎ先の親とはかかわりたがらないのに、自分の親ばかり大切にしていたり、親のことはほったらかしておいて、ボランティアに行くのも、「優先順位」が違います。

お金の使い方でも、「ここで、たくさんの金額を包んでいれば、次は自分にこうしてくれるかもしれない」という下心で奮発しても、お世話になった大切な人にお印程度のことしかしなければ、神さまが大きくへそを曲げて、善いことをしたつもりでいても、悪い結果が出ることが多いのです。

神さまは、人をしあわせにしていくのは身近から、とおっしゃいます。これが、大人の分別なのです。

器の大きさは人を認める力

神さまがどれだけ大きな幸せを運んでくれても、それを受け取る人間のほうの器が小さかったら、幸せもこぼれ落ちていきます。

では、器の大きさって何でしょうか。神さまは、こう言いました。

「器の大きさは人を認める力。人を許す力。器の大きい人は、『世の中にはいろんな人がいる。人の数だけいろんな考え方があり、多様な価値観がある。自分と同じ価値観や考え方を持つ人など、一人もいない』ことを知っている。ゆえにそれを認め、また、自分は人に同意を求めない。自分が思いがけず人を傷つけてしまったり、誤解したことがあるように、他人もそういうこともあって然《しか》りと思うから人を憎まない。人の言葉に敏感に反応して些細《ささい》なことで傷ついたりしない」

「しかし器の小さい人は、井の中の蛙《かわず》、大海を知らない。『世の中には自分と考えが似た人間か、そうでない人間の二種類しかいない』と思っている。だから、かかわる人間の半数以上に不満がある。そして自分を基軸に考えるから、自分の考えや価値観を理解してくれない人、自分を認めてくれない人を批判的に見る。自分の言動がいかに人を傷つけてきたか、考えたこともないのに、人の言葉には敏感に反応してすぐに腹を立てる」

つまり器とは、「神さまの力を受け取る心」のことなんです。大きいと多くを享受できますが、小さいと少なくなりますね。さらに、些細なことで怒りっぽいと、器に穴があいている状態になりますから、神さまの力が漏れてしまうとも教えていただきました。

自分を見つめると運命もいい方向へ

もうひとつ、大切なことをお話ししておきますね。

あなたは自分のことをどれくらいご存じですか。自分のことだから、自分が一番よく知っている、と思われるかもしれません。でも、自覚している自分と、ほんとうの自分は、ちょっとズレていることが多いんです。

相談にのりはじめたばかりの頃、神さまが言うとおりに答えていました。ところが「いいえ、そんなことはありません」「思い当たりません」「いいえ、違います」と言われるんです。わたしはすごく動揺しました。「神さま、なんで嘘を言うの？　こんなのでは、人の相談になんかのれない！」と何度思ったことでしょう。でも神さまは「嘘じゃありませんよ。後でちゃんとわかるから」と言うばかり。

二〜三年経って、やっとわかったんです。思い当たらないのは、本人が知らないだけで、神さまがおっしゃるとおりの事実が、厳然とあるのです。違うと認識しているだけで、違ったりはしていない。自覚と事実は必ずしも一致しないということが、はっきりわかりました。いまは神さまの言うとおりに答えて、「違います」「思い当たりません」と言われても平気。本人が、まだ認識していないか、知らないか、そのあたりでしょう。そして、そのうちきっと判明するというのが、この二十数年、相談にのってきてわかったことです。

神さまは、こうも言います。

「不幸の始まりは己を知らないことにある」

それは、こういうことです。

よく、商店の店主や中小企業の社長さんが、人を採用するときに「いい人が来ますように」と言って相談しに来られます。厳しい言い方になりますが、自分がいい人じゃなければ、いい人は来ないのです。神さまは「同じような人が集まる」と言います。いい人に来てほしいなら、自分がいい人になること。そのためには、まず自分を知ること。

自分を知ると、たとえば、撮られた覚えのないビデオに映っていた自分の姿を見たときのように、「人のことは言えない」と思うくらい謙虚な気持ちになるものです。そして、他の人がいかに素晴らしいかがわかり、尊敬や感謝の気持ちが湧き出てきます。

逆に、自分の姿をまだ知らないうちは、人の粗《あら》がよく見えるものだから、不満や批判が心を埋め尽くし、人に対して「変わってほしい、何かをしてほしい」と思う気持ちが強いものです。そういう状態の人は、誰かに「何かをしてあげたい」という気持ちにはなれません。神さまは「したことをされる」といつも言います。つまり、人をうれしい気分にさせることができない人は、あまりしあわせにはなれないということでしょう。

でも、いくら人をうれしい気分にさせるといっても、口先だけでそれをしたときは、かえって始末の悪いことになります。結局は、そのうち本心が露呈して相手をがっかりさせることになるからです。心にもないことは、あとあと厄介で、自分の運も落としますから、言わないことです。

神さまと交わす約束は

人は困ったときはいろいろ考え反省し、「この願いが叶った暁《あかつき》にはこうしますから、神さまどうか助けてください」と頼みます。でも、ほんとうに願いが叶ったときには、もうその気持ちは急速に薄れ出し、そのうちなくなってしまいます。それは神さまのへそを曲げさせることになります。

神さまは、人間が祈るときの言葉をそのまま受け取られます。「こうしますから、お願いします」。人間がそう言うと、神さまはその気持ちを受け取って、「そうするなら、叶えてあげよう」と喜んで動いてくれます。それは神さまと約束を交わしたということです。

ところがその約束を守らなかったとき、神さまは厳しい結果を出されます。叶った願いが元に戻ったり、別の問題が湧き起こったり。だから、階段を昇るがごとく人生を歩みたいのなら、神さまが喜ぶことを願い事のときに申し上げて、願いが叶ったらそれを実行すればいいんです。そのときから、運命は大きく回りはじめます。

そのためには神さまと交わす約束が、神さまが納得する「こうします」でなければなりません。「この願いが叶ったら、自分の子どもをもっと可愛がります」では、神さまはまず動いてくれません。「○

○さんに恩返しをしますので、この願いを叶えてください」「○○さんのために○○しますので、この願いを叶えてください」と、自分の時間や労力やお金を人のために捧げるというところに、大きな動きがうまれます。神さまが「そう言うならあなたのために動いてやろう」と思うことをまず心に決めて、神さまと約束してみてください。そして行動に移す。そうすると、必ず道が開けていきます。

第3章

あなたのために

お告げセレクション

わたしにお告げが降りるようになって二十数年が経ちました。長年、相談にのってきてわかったのは、「この問題には、このお告げ」というような、処方箋が書けるということです。

たとえば、医学書とお医者さんと患者さんの関係で言えば、患者さんの病気が一般的な症状だった場合、お医者さんはこれまでの知識と経験で治療をし、処方箋を書きます。でも、その病状が難しかったり、珍しい場合、医学書をもう一度ひもといて、確認をします。

お告げとわたしと相談者の関係も、これに似ています。お告げが医学書で、わたしがお医者さんの立場、相談者が患者さん、というわけです。つまり、わたしに降ろされてきた数多くのお告げが、すでにわたしの身についているので、わたしは相談する方に、これまでのお告げの中から幸せの処方箋を伝えて差し上げることができます。そして、これは難しい、あるいははじめて、というような相談の場合は、神さまに直接お尋ねして、お告げを降ろしていただくのです。

もちろん、ひとりひとりの問題は、状況が違います。けれど、金銭の問題、人間関係の問題、仕事の問題……と分類していくと、似たような問題には、似たようなお告げが降りてきます。神さまは一貫していますから、当然のことですね。

この章では、これまでのお告げの中から、いくつかを集約して紹介します。ちょっとつまずいたり、迷って一歩が踏み出せないとき、あなたなりのセルフケアとして、読んでください。

お告げセレクション その一

「人として」

どういう人になりたいかを考えれば、運は上向きになります。

傷つきやすくもろい人ほど、打算や競争心、嫉妬心が強い

心のとんがりを取っていきましょう。

目標を達成するためには、いつも、それを達成したときのことをイメージしていてください。達成できたときをイメージするということは、成長した自分をイメージすることなんです。目標は立て方が肝心です。立て方を間違えば、生き方を間違うことになるからです。

そのためには、決して心にもない謙遜をしてはいけません。ほんとうに謙虚な人は、心にもない謙遜はしないものです。反対に、称賛や敬意が欲しい人は、何かをやる前から、保険をかけるかのように謙遜します。「そんなことないじゃない。すごいじゃない」という言葉を最大限に引き出すには、前もって自分の力を過少に申告したり、今日は調子が悪いだの、なんだかんだと前もって言い訳が必要なわけです。

自分を引き立てるために、打算があったり、見栄があったり、嫉妬があったり、人の心は複雑です。特に、「心が複雑で、傷つきやすくもろい人ほど、打算や競争心、嫉妬心が強い」と神さまは言っています。「傷つきやすい人」というのは、繊細で弱く、守ってあげなければ、という印象です。けれど、その実、自分が本心で話をしないから、たとえば、心にもない謙遜やお世辞を言うから、人の発した言葉も、自分と同じと思って素直に受け取らず、「本心だろうか」「何を言いたいつもりなの」と、だんだん悪く受け取ってしまうのです。

悪く取るから傷つく、傷つくから好意を持って本心で話せなくなる、という図式です。

人の心はコンペイトウのように、デコボコとしたものです。とんがっている部分が、見つめ直さないといけない「我」や「虚栄心」の部分だと言えば、わかりやすいでしょうか。そのデコボコした心を丸く磨いていくところに、幸せへの道は開かれます。ただ、いきなりは丸くなりません。だから、ひとつずつとんがりを取っていくのです。

そのためには、自分を過大にも過小にも演出せず、心にもないことは言わないことです。

心に善い人を住まわせなさい

……人の言葉・行為を悪く取らないことです。

神さまは「心に善い人を住まわせなさい」と言っています。これは、あなたの心に、「物事をよく取る癖」をつけるためのヒントです。愚痴っぽい人がいたら、避けて通りましょう。愚痴っぽい人の話を聞いているだけで、自分のエネルギーを吸い取られてしまうから。

どんな行為も、受け取り手がいてはじめて性格づけられるものです。同じことを経験しても、ある人は「親切にしていただいて」と言いますが、ある人は、「余計な世話を焼かれて」と言います。つまり、ひとつの行為自体が性格を持っているのではなく、受け取り方によって、はじめてその行為が性格づけられるというわけです。

人の運命や、人の格は、この受け取り方によって決まります。人の行為や言葉を悪く取ろうと思えば、どんなにでも悪く取れます。が、逆もまた然り。心を磨き、人として誠実に、真っ正直に生きるには、人の行為を悪く取らないことです。心の中に、許せない人、忌々《いまいま》しい人、憎い人を住まわせないようにしましょう。

心に恩人が住んでいる人の前途は明るく、憎たらしい人を心に住まわせている人の未来や健康は、暗雲を垂れ込ませているのと同じです。自分がどんな気持ちでいるかということよりも、他人にどんな気持ちを抱かせているか。それがわかるようになると、しめたものです。自分が喜びたいのなら、まず人を喜ばせること。自分が先に喜びたいと思っている人に、喜びは訪れません。

人から興味を持たれる人になりなさい

……その前に、うっとうしがられない人になりましょう。

「人間は人の役に立ってこそ存在意義がある」と神さまはおっしゃいますが、そんな高い理想を掲げる前に、まずは人からうっとうしがられない、邪魔に思われないことが大事です。これが基本のキです。

人間は順を追って成長していきますね。幼少期には土にまみれて、母親に守られて過ごし、小学生になれば規則を覚えます。中学生になれば方程式を習い、高校生になれば微分積分を学ぶ……というように、成長には順序があるのです。それと同じで、しあわせをつかめるよう、人の役に立ち、人に喜んでもらえるようになるためにはまず、うっとうしがられない存在になることです。自分に興味のある人や、自分を愛してくれる人なら別ですが、のべつまくなし自分のことについて、考えや経験したこと、ほめられたこと、聞かれもしないことは話さないほうが賢明です。

うっとうしがられる人の第一条件は、口数が多いということ。実はわたしも、そういう性質です。だからこのことには、いつも気をつけています。わたしの家族との関係や、家族の話。わたしの経験。わたしの考え。そして、ほとんどありませんがほめられた話。これらは、まず嫌われます。すぐに「うちの子は……」「うちの主人は……」「うちの母は……」と話す人は、たいてい「また始まった。どうでもいいんだけど……」と思われていますよ。

人が喜ぶ話と、自分が喜ぶ話をきっちり仕分けましょう。人に自分をわかってほしくて、無意識でも「知らしめたい」という気持ちで話しているなら、だいたいうっとうしがられているものです。自分のことを知らせたい人ではなく、他人から興味を持って知られたい人にならないと、人の役には立てないと思いませんか。ものは言わないけれど、そこにあるのとないのとでは、価値も重みもまったく違う、庭の松の木のような、そんな人間になりたいものです。

善い人と思われたいのは危険信号

善い人になりたい……そう思うのがステキ。

「善い人と思われたい人と善い人になりたい人は違う」、と神さまは言っています。

「善い人と思われたい人」は、どうしても表層的に「どう言ったら、どう振る舞ったら、善い人に思われるか」に重点を置きがちなんです。そのために、どうしても生き方を演出しがちになってしまいます。一方、「善い人になりたい人」は、心の在り方が「どう受け取れば、どうすれば、丸く、そして恩に報えるか」に重きを置いていますから、仮に他人に嫌われても、大事な人のためなら悪役を買って出ることができるわけです。

前者は計算ずくの人。どれが自分にとって一番有利か、都合がいいか、自分が引き立つかをいつも考えています。後者は計算などしない人。計算したらほんとうの善人にはなれないことをよく知っているからでしょう。自分が引き立ちたいと思うと、どうしてもいい役を演じたくなりますが、大事な人を引き立てたいと思ったら自ずと黒子になるものです。

人間、いい役を演じたくなってきたら危険信号です。うまくいっていると思えることも、いずれ迷走しはじめます。「善い人と思われたい」と思うことと、「善い人になりたい」と思うことは「似て非なり」なのです。

悪人ほど善い人と思われるようなことを言う

……如才なく、やさしい言葉をかける人には注意して！

人は無意識のうちに、何かをしたらどういう結果になるかを考えています。遅刻をすれば叱られるという結果を考えます。その結果が望まないものであるときに、違った結果を得られるように状況設定することもしばしばです。それがおおむね言い訳だったり嘘だったりしますね。たとえば、もう三十分早く家を出るべきところ、それができずに遅刻したのに、道路が混んでいて……などとつい言ってしまいがちです。

また、Ａさんに不満があるけれど、言えば、嫌な人と思われるし波風が立つ。そんなとき「人が言っていた」と言って自分の気持ちを言うことはありませんか。これだと自分には影響はありません。人のせいにして、人が悪者になるからです。これも、結果を計算しての行動ですね。

人から教えてもらったり、気づかせてもらったりしたことなのに、「人から教えてもらった」とは言わないのも、見返りの計算。称賛という見返りが欲しいからです。だから、神さまの目を意識するなら、見返りを計算する癖を取っ払わなくてはいけません。自分を引き立てたいとき、人のために自分はこうした、ああしたと言い、人がこんなとんでもないことを言っていた、していたと告げ口をする。こういう人が仮に朝晩の神さまへのお参りを欠かさずしているとしても、神さまを信じていない人と同じことです。

神さまは悪人の定義を、「あっちでいい顔、こっちでいい顔。決して自分が不利になるようなことはしない、言わない。大事な人のために悪役になるなんて絶対しない。善い人と思われるようなことを言う。いつも、いかに得するか、もらえるものが最大限であるか、損失がいかに少なくて済むかを計算している」としています。

如才なく振る舞って、巧みに人の心をつかみ、騙《だま》すなんて、まさに詐欺師。大事な人のために悪役になれる人、損をするより損をさせるのがいやな人、それが善人といえます。

自立して主体性がある生き方を

……人のお尻を叩く前に、自立することを考えましょう。

人は誰でもしあわせになりたいものです。でも、いま、この瞬間をまるっきり「しあわせ！」と感じる人は少ないんじゃないでしょうか。こうなりたい、こうなればいい、これがしたい、あれが欲しいと、いま自分がしあわせと感じきれない不足の要素を見つけ、それが満たされることばかりを願っています。ただ、この不足の要素は、祈れば神さまが満たしてくれるものではない、ということは、もうおわかりでしょう。そう、満たすことができるのは自分自身のほかに誰もいません。

でもやっぱり、人は誰かのお尻を叩きたがるんですよね。夫であったり、子どもであったり。残念ながら、それは努力の浪費、エネルギーの浪費にすぎません。神さまに「どうか、○○さんが変わってくれますように」と頼む人の願いは、きっと永遠に叶わないのです。

神さまは、「自分が、大地に大きく根を張って、青々とした葉を茂らせて、大空に向かってそびえ立つ樹木であれ」と言います。自立して、主体性がある。自分が揺らがないように、枯れないように、下を向かないように生きる指針を持っていることです。それが神さまの教えですから。それをいつも心に留めていたら、人のことなど構っていられなくなります。構っていられないというのは、そんな余裕がないというだけではなく、人のことが言える立場ではないと悟ることができるからです。自分は何をしたいのか、すべきなのかは、自分で考え、決定することです。その積み重ねが人生を決めていきます。

前向きと楽観は似て非なるもの

……………一瞬一瞬の良き決断が、より良き結果を連れてきます。

物事を決断するとき、「前向きと楽観は似て非なるもの」と神さまは言います。

わたしたちが、日々、何百回、何千回としている決断。朝六時に起きるという決断。朝コーヒーを飲むという決断。その決断がより良い結果を導くように、わたしは神さまからさまざまな考え方、判断基準を教わっています。

人は毎日いろんな局面を迎え、認識し、決定しています。その局面をどう認識するかで次の決断も変わってきます。平たく言えば、物事、出来事をどう受け取るかで、次のステップが大きく変わってくるのです。

前向きと楽観は似て非なるものですね。「前向き」は責任を持って努力するということです。英語で言うところの'positive thinking'。この言葉には楽観は含まれないんです。ところが、人は、前向きではないのに物事を楽観視するときがあります。そうすると間違いなく、良い結果を導けない決定をしてしまいます。そして努力をせず、辛抱もできない。恥ずかしながら、かつてのわたしもそうでした。

厳密に言うと、人は決断の前、一瞬のうちに状況の認識をしています。その一瞬の判断さえ間違わなければ、確実に良い決断ができるわけです。そのためには、物事を悪く受け取らないこと！

物事を悪く受け取るときは、不思議と「なぜそこに引っかかるのか」と思うようなところで重く考えて、腹を立てています。人の何気ない言葉であったり、態度であったり。軽く受け取っていいところほど、わざわざ立ち止まって重く考え、堂々巡りをしてしまうんです。

ところが、軽く受けてはいけないところはさらりと流してしまいます。人の真心であったり、恩義であったり。これでは、いい運も巡ってきませんし、願いも叶いそうにないですね。

自分の立ち位置を正確に知っていることが、より良い結果を導き出すための認識、前向きの決断ができる基盤になります。

お告げセレクション　その二

「人間関係のこと」

しあわせが舞い込んでくるのには、理由があるのです。

うれしいことを呼び込むには、うれしがること

……………類は友を呼び、感謝は喜びを呼び寄せます。

人間って、不思議です。「不満」は息をしているだけで感じられるのに、「満足」を感じ取れる人は少ないですね。いま、バスに乗って移動できること、電話で遠く離れた人と話せることをしみじみとありがたいと思える人はそういないでしょう。百年前の奇跡が、すでに当たり前になっているのですから。あなたが当たり前と思っている、家庭、職場、学校なども、そこは感謝すべきことがたくさん詰まった空間だということに、気づいているでしょうか。

いろんなものが自分の身体に入ってきます。人の言葉が耳から、人の態度が目から、その場の雰囲気が肌から。それらの何を気に留め、何を見過ごすか。その人の「ろ過装置」、いわゆるフィルターによって、受け止め方がまったく違ってきます。そして、そのフィルターに残ったもの、それが自分の心を作っているのです。

よく思うことですが、二十年前のわたしが、いまの自分を見たら、きっと驚くでしょう。あの頃には想像できなかったしあわせが、ここにあるのです。いま、毎日いろんな人に出会えて楽しい。人との「つながり」も幸せです。

「うれしいことを呼び込むには、うれしがること。悲しいことを呼び込むには、悲しがること。つながるにはつなげること。いまの感情が未来《あした》を決めるのです」

神さまがそう教えてくれました。だから、ひとつひとつのことや、出会った人に感謝していれば、また、ありがたいことが起きるのです。いまの感情が次の感情を連れてくる、ということを覚えておいてくださいね。

物事や行為は受け取り手によって性格づけられる

何でもプラスに受け止めて、しあわせへの道をつけましょう。

何かひとつの物事を、「親切」と受け取る人もいれば「余計なお世話」と受け取る人もいます。たとえば、ある女性を、母親は「素直でいい子」と言い、姑は「気が強くてわがまま」と言います。また、別の女性を、娘は「辛抱して、正しくて、やさしいお母さん」と言い、嫁は「わたしには厳しいのに、夫には甘くてまるで別人」と言います。

同じ物事、行為、人でも、受け取り手によってまったく別のことを表現しているかのように思われますね。だったら、これを生かせばいいんです。

つまり、あなたも、受け取り方をコントロールすれば、世の中すべてがプラスに転じてきます。

周りにいやな人がいたら、自分の鏡ではないかと反省すればいいし、お金に苦しんでいるなら、「きっと自分はお金持ちになるから、そのときにお金のありがたみがわかるように、いま、この試練があるんだ」と、どんなことも自分のステージアップのためのステップだと思えばいいんです。

大きく言えば、「受け取り方」で人生が決まる、と言ってもいいと思います。そのためには、常に物事を良く取る癖をつけること。「良く取る」というのは、楽しくなる道筋をつけること。決して気が重くなるような受け取り方をしないことです。それだけでも、いろいろおっくうだったこと、つらかったことも、楽しみに変わっていきます。

DI VERY
发现

感謝はエネルギーに、不足不満はストレスになる

しあわせエネルギーを満タンにしましょう。

自分が、日ごろどんな人とつきあっているかを考えてみてください。つきあっている人というのは、あなたの一部でもあります。

目には見えないけれども、人間には発しているエネルギーがあります。

◎人をしあわせにするエネルギー

このエネルギーは、人をしあわせにしながら、さらに自分のエネルギーをチャージします。

◎人のエネルギーを吸い取る負のエネルギー

このエネルギーは、人のエネルギーを吸い取りながらも、自分のエネルギーを消耗させていきます。このエネルギーの人は、愚痴や悪口が多い人です。


もし、目の前の人の愚痴が始まったら、とっとと逃げるのが賢明！

自分のエネルギーを吸い取られてしまいます。あなた自身も、人の悪口や愚痴をこぼすとき、たくさんのエネルギーを失っていることを覚えておいてください。

人をしあわせにするエネルギーを持つ人のところに、人は集まります。昔から「人の集まる家は栄える」と言ったものです。自分のエネルギーが人を幸せにできるものになるよう、人の愛を感じながら、いまの幸せを感じながら、明日からの日々に胸をときめかせながら、現在《いま》を生きていきましょう。

心の柔軟体操を怠らないで

……毎日、心をしなやかに鍛えましょう。

世の中、いろんな人がいるからおもしろいのです。いろんな考えがあるから、脳も刺激され、よく働きます。

自分と違う考えや生き方の人がいることをいちいち問題にして、さらには「解せない」「許せない」と腹を立てていては、それこそ自分がこの世で通用しなくなります。人は、いろんな人に囲まれて生きていますね。いろんな人とかかわり合う。だからこそ、世界にはいろんなものがあるし、いろんなことができるのです。みんな同じ考え方の人ばかり、同じ方向に歩く人ばかりだったら、人生はつまらないと思いませんか?

人ごみのなかでぶつかりながら歩く人と、上手に身体を動かしながら歩く人がいるように、車もぶつかりそうになれば、止まるか、ハンドルをきるように、人の心も相手の心とぶつからないように、いつも心の柔軟体操を怠らないことです。

それが楽しく人生を送るコツです。

口の軽い人は、自分に不利なことには口が堅い

……………信用される人になるには、口の滑りに要注意！

人には、口の堅い人、軽い人、滑る人がいます。

口の堅い人は、他人のことに関しては喋《しゃべ》りませんが、不思議なことに自分のことは必要以上に隠さないで、聞かれれば素直に話してくれます。

一方、口の軽い人は人が喋ってほしくないと思うことはよく喋り、自分が隠しておきたいことや都合が悪いことは、別人かと思うくらいに喋りません。そのときだけ、口の堅い人に様変わりしてしまいます。

口が滑るのも、余計なことを喋りすぎる人の副産物です。知りたいから喋るのか、喋りたいから知りたいのか、これもどっちが先かわかりませんが、ただ、「人のことまで知っておきたい」という心理です。

あっちでもこっちでも、その場に合わせて調子よく話しているわりに、自分のことは決して話さない。常に、うわさ話を流し、周りの人のヒミツやスクープを嗅ぎ回っている。そういう人には、周囲も警戒してしまいます。

口の堅さ、軽さは、その人の性質に起因するというより、むしろ人と自分の損得の相関関係によることが多いですね。その話をするとき、自分にとって有利か不利か、損をするか得をするかによって、口を堅く閉ざしたり、饒舌《じょうぜつ》になったりする、というわけです。

しあわせに近づくためには、滑らない口と堅い口を持ち合わせ、物事をありのままに話せば、言葉に信用のある人になれるでしょう。

心に負荷を

問題を乗り越えるとき、
人は成長するものです。

神さまは「心を鍛えるには、負荷が必要」と言います。

心もトレーニングするほどに強くなるんです。筋肉は、強いほど柔らかく、弱いほど硬いでしょう？　筋肉はトレーニングを積めば、太く強く、そしてしなやかになります。負荷がかかるほどに、その効果は大きくなるんです。けれども、鍛えなければ衰える。甘やかすと細くて硬くなる。

それは、心も同じなんです。

心もいろんな人や出来事にあって、それを乗り越えることができれば、強く、太く、しなやかになっていきます。でも、それを避けて通ったり、自分の我を通そうとすれば、細くて硬くなるんです。

たとえば、誰かにひどく理不尽な怒りをぶつけられたとき、「わたしのせいじゃないのに、なぜ？」と、腹立たしく思います。けれど、そこで怒りをグッとこらえて、自分のステージアップのためと信じて頭を下げれば、その問題は二度と起こりません。

それは、どんな人も、同じステージの人とかかわりを持つようになっているからです。自分がステージアップすれば、前にいたステージのときの問題はもう起こらなくなるのです。そこで知らん顔をしたり、わたしのせいじゃない、と突っぱねたりしたら、しばらく時間をおいて、形や状況は変わっても、また同じような思いをするはめになります。

相手あっての人間関係ですから、自分ではどうしようもない、と思うかもしれません。けれど、自分がどう出るかをコントロールすることによって、相手の出方も変わるのです。

いやなことが起こったときは、その場から逃げたり反発するのではなく、「いま、心に負荷がかかっている。鍛えれば伸びるチャンスなんだ」と思って、乗り越えてください。

逃げたり、人に頼れば、負荷は外れますが、同時に力も尽きてしまいます。柔らかく、しなやかな心と身体に鍛えていきましょう。

他人の役に立つことが
自分の目標の中にあるときは、
いろんなことが
達成しやすくなる

具体的に目標を決めると、
願いは叶いやすいのです。

あなたにおすすめしたいのは、年の始めに、ぜひ一年の目標を立てること。その目標は容易であってもいけませんが、無理もいけません。

「鼻血が出るほど頑張ったら、ひょっとしたら達成するかもしれない」くらいがいいです。そうすると達成できなくても近くまではいきます。

そして、その目標の中に他人の役に立つことが含まれていれば、達成率はぐっと上がります。他人の喜ぶ顔が見られるための目標があれば、どんな目標も達成率は高くなるんです。

そして、目標は具体的なものにしましょう。たとえば「世の中の役に立ちたい」。こんな目標は漠然としていて具体性がありませんから、まず実現しません。それは「バッティングがうまくなりたい」と思って練習する高校球児と、「三割四分打ちたい」と決めて練習する球児では明らかに結果が違うのと同じです。どういう形で役に立ちたいのか、はっきり決めること。具体的でない目標は本気でない目標です。
そうそう、自分へのご褒美を入れておくことも忘れずに。

欲しい靴。
行きたいリゾート。
近づきたい人。

それらが、ときに疲れた心の筋肉を癒すドリンクになります。
目標設定は、その一年を飛躍するための助走のようなものです。

お告げセレクション その三

「仕事のこと」

うまくいかないと思うとき、きっと原因は自分の中にあります。

わずかな差が大きな差を生む

小さな工夫が、数年後には
大きな結果に変わります。

この数年、商売がいまひとつで、資金繰りに四苦八苦しているという相談がかなり多くなりました。でもそれを不景気とか、立地とか、人のせいにしているうちは、改善策は見つかりません。同業他店と比べて少しでも特徴、魅力があるのかと、お客さまの目線で見直すことがポイントです。まだまだ、工夫、改善しなければいけないところがあるはずです。

お客さまは、そのお店のどこかに魅力を感じて買いに来てくれています。でもそれは、ほんとうにわずかの差でしかありません。たとえばパン屋さんなら、味や値段はもちろん、商品のネーミングや説明書きはどうでしょうか。お客さまの目線で見たら、不親切なところはありませんか。ブティックなら、商品の並べ方や、接客の仕方はどうでしょう。お客さまが見やすく、わかりやすく、気持ちよく買い物ができ、いいえ、その日は買わなくても、すぐにまた来ようと思えるお店ですか。

たとえば、見るだけ見て、何も買わないで帰るお客さまに、「ありがとうございました」と、とびきりの笑顔で見送る人と、「長い時間接客したのに」と言わんばかりに、不服そうに見送る人の、どちらのお店に、あなたなら「次も行こう」と思いますか。

工夫、改善というと、物事を大きく変えようとしたり、自分目線で知恵を絞ったりしがちです。けれど、今日の小さな工夫が、明日、あさって、と積み重なって、数年後、数十年後には、大きな差になっている。つまり、「わずかな差が大きな差を生む」という現実を忘れてはいけません。

その差をつけるために、常にお客さま目線で知恵を絞ることが大切なのです。

稼ぎは加工次第

人を感動させる働きで、運と収入をアップ！

経営者は、商売がうまくいかなくなり、資金繰りが苦しくなると、「なぜうまくいかないのだろう」と頭を抱えます。神さまは「商売はうまくいかないのが普通。商売なんてそんなにうまくいくものではない」と言っています。「なぜだろう」と考えるとしたら、それは、うまくいったときに考えるべきです。儲かっている理由は導きやすいからです。

神さまから教わった、お金の真理の話をしましょう。

売り上げは、真実を物語っています。売り上げがいいのは、それほどお客さまの心をつかんでいるということ。お客さまが喜んだ証拠が売り上げなのです。

経営者は「自覚と事実は違う」ということを、いつも心に留めておかなくてはなりません。売り上げが下がってきたとしたら、それはお客さまの心が離れているからだと認識することです。この認識がきちんとできたら、挽回は可能!

ところが多くの経営者は商売がうまくいかなくなると、景気や、社員や、お客さまなど、その他もろもろの何かのせいにしがちです。そういう理由で、会社は経営者の器以上には大きくなりません。逆に言うと、経営者の器が大きくなれば、会社は伸展するでしょう。

「稼ぎは加工次第」と神さまは言います。単なる作業での稼ぎには限界がありますが、人は何かを加工したその付加価値によって、さらなる報酬を得ます。

たとえば、イチロー選手はあらゆるピッチャーの投球を研究し、肉体を鍛錬した上で結果を出し、バッターとしての技術を高度に加工しました。また、あらゆるバッターの打球に対しても、優れた守りを見せ、守備の技術を高度に加工したと言えるでしょう。それが彼の稼ぎであり、良い運をつかんできた元なのです。

どんな仕事も同じです。「加工していかに人を感動させるか」なのです。店頭の販売員、工場の職人、事務職の会社員も、加工がな

く、感動を与えられない働きでは、十分には稼げません。自分の仕事の場で、人に感動を与えるほどの何かを生み出すために、働き方を加工するのです。売り上げはお客さまの感動のしるしです。加工し続け、感動を与え続けてはじめて、売り上げは上昇します。

「顧客満足」ではありません。「顧客感動」が基本なのです。

忙しがらないのは、相手への心遣い

段取りをよくすれば、人もお金も集まってきます。

わたし、忙しいのが好きなんです。でも、忙しがる人にはなりたくないと常々思っています。どんなに仕事がさばけても、素晴らしいプレゼンができても、忙しがる人は格好悪いと思いませんか？

わたしの周りの大好きな人たちはみんな忙しいけれど、ちっとも忙しがっていません。反対に、忙しさをアピールする人は、「自分が有能でこなすべき仕事がたくさんある」とでも言いたいのか、「こんなに忙しいんだから手伝ってよ、気持ちを汲《く》んでよ」とでも言いたいのか、自分を軸に地球が回っていると思い込んでいるように見えます。

「ちっとも忙しくないよ」と言う人が、そうでないことは百も承知です。忙しがらないのは相手への心遣いだし、敬意の形でもあります。もちろん、言うだけではダメです。時間の余裕、心の余裕を自分で作り出す努力があってこその、「忙しくない」なのです。

「そういう人のところに、仕事は集まり、人が集まる。つまり、お金も集まってくるのだ」と神さまは言います。

忙しいと嘆くのは、段取りが悪いか、効率が悪いか。忙しがらなくてもいいように、段取りをきちんとして、確実に仕事を積み上げていきたいものです。

同業者を仲間と思いなさい

ライバルこそ、最良の理解者になります。

日ごろから親しくしている二人の、結婚披露パーティがありました。新郎はダイビングショップの二代目。全国各地から同業者がたくさん列席していました。取引先や職場の人たちが列席することはよくありますが、同業者が二十名以上も集まった披露宴ははじめてです。同業者をライバル視して、交わりたがらない人が多いものですが、新郎の同業者たちは、富山、沖縄、宮崎と遠方から、平日の夜の披露宴に、福岡まで駆けつけていました。

仕事に対する心がけで、神さまからこんなことを教わりました。

「同業者を仲間と思いなさい。そうすればいろんなことを学べるし、助けてもらえるから。人間、競争心、嫉妬心だけ強くても、いい仕事なんてできない」と。なるほど、新郎はそういう生き方をしているのだと納得できました。その人柄は温かく、熱い。列席者もそう話していました。

自分のことで精一杯、自分のためになることが第一優先。そんな人の多い中、仲間が好き、人が好きな彼は、みんなの心をつかんでいます。「現在《いま》」は、これまでどう生きてきたかの証《あかし》なんです。そして「未来《あした》」は、いまの考えの投影。彼の人柄に触れ、あらためて二人が幸せになることを確信した夜でした。

優れた才能と優れた人柄に、お金は集まる

平凡な人生にだって、お金は集まってきます。

優れた才能や技術にお金が集まるというのは、誰もがわかっていることです。一流のスポーツ選手や芸術家、職人などがいい例です。でも神さまは、優れた才能がなくても、優れた人柄になれば、お金は集まってくると言っています。

優れた人柄って何でしょう。神さまはこんなふうに教えてくれました。

「子どもを可愛がって大事に育てるのは、人間でなくても、犬でも猫でも同じ。それは本能のなすこと。でも、人のありがたさ、やさしさを感じて、その恩を返そうとすることや、すまなかったと詫びることは、人間にしかない感情。その感情の厚い人は、優れた人柄と言える。打算や下心がなく、人のために尽くせるのは、人間にしかない特性」

こういう生き方を重ねていると、その人のところには人が集まってくるものです。人の集まるところにお金は集まるのですから、特に秀でた才能がないとしても、自分の人柄を磨いていけば、心が豊かになるにつれて、経済的にも裕福になるというわけです。

わたしの家の近所の住宅地で、セレクトショップを経営している友人がいます。周りは住宅ばかり、そして、ショップの前の道路は、譲り合わないと車が離合できないほどの狭さです。でも、そのショップはいつもお客さまで賑《にぎ》わっているのです。商品も福岡の中心地、天神の百貨店に行けば揃《そろ》うものですが、わたしも含めお客さまは、みんなオーナーのKさんが好きで、彼女に見立てて欲しいからそのショップに行くのです。

他のショップに洋服を買いに行くと、ショップの方がどれを着ても「お似合いです！」と言うことが多いのですが、Kさんは、「売りたい」より、お客さまを「可愛くさせたい」という気持ちでいるから、もしかしたら売りたい商品はあるのかもしれませんが、本当に似合うものをすすめてくれるのです。それが、みんな嬉しいので

す。決して良い立地とも、豊富な品揃えとも言えませんが、だから
お客さまが引きも切らないのだと思います。

利益を一番に考えると
利益は出ない

……………お客さまの喜ぶことが第一、
利益はその次に考えましょう。

「お金は、追うと逃げる」と、神さまはいつも言っています。

あるお鮨屋さんの話をしましょう。その店は十席のカウンターだけで、置こうと思えばテーブルを置けるスペースはあるのですが、あえて玉砂利を敷いて、いい空間を演出しています。目立たない住宅街の一角にありながら、いつも予約でいっぱいです。ほとんどのネタには細工が施され、シャリの上に刺身がのっているような鮨屋のそれとは一線を画しています。

その日、店に入るやいなや、店主は「いいときに来ましたよ！今日は久しぶりにいいマグロが入ったんです。このところ、なかなかいいマグロがなくて、わたしもじれてたんですよ。今日のは、すごくいいですよ」と言いながら、丹念に下ごしらえをした、手の込んだつまみを、九谷の器に丁寧に盛りつけました。

「今年は景気が悪いっていうから、年明けからゆっくりするかと思っていたら、お陰で先月なんて一日も休めなかったんですよ」と手を休めることなく言いました。

「こんな魚が手に入るとうれしくなっちゃうんですよね。朝五時には市場に行くし、夜遅いときは十二時に店を閉めるんで、あんまり寝られないんですけどね、お客さんの『おいしい』って声を聞くと疲れなんて吹き飛んじゃいます。毎朝、市場で魚を見るのが楽しみなんでね」

「お魚がお好きなんですね」と、わたし。

「好きじゃなきゃ、こんなことやってられないですよ」と店主。

出されたマグロがあまりにもおいしかったので、「このマグロが取り合いにならなかったんですか」と聞いてみました。

「取り合いになんて、ならないですよ。高いですからね。仲買さんも、わたしのために仕入れてくれてるんですよ。わたしはいいもの見せられたら、必ず買いますから。いくら高くても、『高いから、もうちょっとどうにかならない？』なんて絶対言いません。気に入らないものは買いませんよ。でも、いいものは必ず買う。だから仲買さんもわたしのために、いいものをちゃんと用意してくれるんですよ」と自信たっぷりに言いました。

仕事の極意を再確認できたひとコマでした。利益ばかりを考えて追っていても利益は出ませんが、お客さまのことを第一に考えれば、利益はついてくるという、お手本のような話でした。

先が見えないのは
当たり前。
先は見るもの

……………

見えない先より、
自分のビジョンをまず把握しましょう。

ある経営者から「先が見えない」と相談されました。

「先が見えない」のは、ごく普通。見える人はほとんどいません。大事なのは、見ようとすることなのです。そのために、いつも頭の中で自分の思いを絵にする習慣を持つことです。

自分にビジョンがあり、それを実現するための目標があり、その目標を達成するための戦略があれば、何かが描けるはずです。その描いたものを頭の中で、立体的に色づけることができれば、実現したところが見えてきます。しかし、ビジョンや目標や戦略を持たないで、いま、目の前にある仕事をこなすことだけを考えていると、どんどん視界は狭くなっていきます。狭くなった視界には色彩はありません。

先は見ようとしない限り、見えるものではありません。先は「見えるもの」ではなく、「見るもの」なんです。

お告げセレクション その四

「お金のこと」

節約よりも使い方ひとつで、お金は必ず入ってきます。

お金にも心がある

使い方でお金の心をつかめば、
お金のほうからやってきます。

神さまから、「お金にも心がある」と教わっています。そして、いかなるときも、お金は道具か手段にしかなりえないことも。

「あなたの夢は何ですか?」と聞かれて、「お金持ちになりたい」と言う子どもは多いですね。でも驚くことに、大人までそう言う人がいます。

お金持ちになるというのは、夢を叶えるための一手段、一過程、あるいは一状況にすぎません。たとえば「感動を与える、絵描きになる」「命を救う仕事、看護師になる」。そして、それぞれに「アトリエを持って、自分の絵で人の心に潜む感情を引き出したい」とか、「患者さんが、心まで元気になれる看護の心得を学び、医療の現場で活かしたい」という考え方が、夢と呼ぶもののはずです。

叶えるためにお金が必要な夢もあれば、お金がなくても実現できるものもあります。ただひとつだけ言えることは、いまお金がなくても、できる限りの努力をした人にだけ、次に「夢を叶えるためには、お金がいる」となったときに、はじめてお金は回ってくるのです。

お金にも心があります。お金はそれを使って人を喜ばせると、喜びます。けれど、お金を使って自分だけが喜ぶと、お金はへそを曲げます。この真理さえ知っていればいいのです。

人は、お金の入りは自分の意思ではどうにもできません。今月の収入は五十万円にしようと強く心に誓っても、そうはなりません。が、使うお金は自分で決められます。だからいつも、使うお金だけは、お金から嫌われないように気をつけていればいいのです。入るお金の計算など意味がありません。ましてや、懐事情が寂しくなったといって、出すべき人へのお金を惜しんだら、さらにお金が腹を立ててしまいます。

お金が行きたいところにお金を行かせると、お金は仲間を連れて戻ってくるんです。お金が行きたくないところにお金を行かせると、お金はすきを見て仲間を誘って出ていきます。お金が行きたいところの一番は、ご恩や義理のある人、つまり「お陰さま」のあるところ。そして、お金が行きたくないところの一番は、他人に使うお金は少なくて、自分のためにたっぷり使う人のところです。

『最後のお金』を使いなさい

……人をしあわせにするお金は、
自分もしあわせに導いてくれます。

神さまは、「人のためにお金を使うときは『最後のお金』を使いなさい」と言います。最後のお金とは「ありがとうございます」「おめでとうございます」「お悔やみ申し上げます」と、せずにはいられなくて包んだお金のことです。これを渡すことによって、見返りも何もない、その先がないお金のことを、神さまは「最後のお金」と教えてくれました。

逆に、いくら人に使っても、それを使うことによって何か見返りを求めるお金は、「始まりのお金」です。見返りとは、それによって好意を持ってもらう、何かのチャンスをもらう、物事を穏便に済ませることなどです。見返りを求めて使うお金は、いくら人のために使っているつもりでも、神さまは自分のために使ったお金としか受け取ってくれません。

「最後のお金」は真心のお金だから、人の真心を感じることのできる、真心のある人しか使えません。「始まりのお金」は、欲があり、義理よりも損得が一番大事な人ほど、たっぷり使うものです。そういう人は、「始まりのお金」と「自分に使うお金」の十分の一くらいしか、「最後のお金」は使いません。自分に使うお金と人のために使うお金のバランスが崩れていますから、いまはどれだけ安泰でも早晩、崩壊します。

しかし、いまお金に不自由していても、自分に使うお金と人に使うお金のバランスが取れていたら、お金の流れを自分の方に向けることができます。

わたしは、お金があることには、意義はないと思います。お金をどう使おうと思っているか、そしてどう使っているかに意義があります。お金を使うことへの思い、お金の使い方が正しければ、いまはお金に困っている人も豊かに幸せになれます。そうでなければ、いまはお金持ちでも、だんだん不幸になってくると、わたしにはわかります。

世の中には、お金の心を考えず、お金を増やしていった人も、もちろんいます。でも、人間、十年や二十年くらい豊かでも意味がないんです。「年齢とともに右肩上がりに、人生が上向いて豊かになるのがほんとうのしあわせ」と神さまは言います。

自分の買い物は、人のために使うお金とのバランスで

使い方のバランスが、金運を変えていきます。

神さまから見て「ケチ」な人間は、まずその自覚がありません。勘違いされる人が多いのですが、ケチとは、倹約・節約することではありません。むしろ節約は大切なこと。神さまの言うケチとは、人のために出すお金が少なかったり、相手に損をさせても平気だったりする、格好悪い人のことなんです。

自分のためにはたっぷりとお金を使うのに、人のためにはちょっぴりしか使わない……たとえば、自分は数百万円の高価な腕時計を身につけているのに、本当にお世話になった方へのお祝いやお見舞いなど、ここぞというときに、一万円しかお金を使わないのは、格好いいとは言えません。神さまはそういうお金の使い方がお嫌いなんです。大事なことは、「出す、出さない」ではなくて、その額が自分にとって妥当かどうかなのです。

神さまがわたしに、「あの人、ずるくて、ケチだからね」と耳打ちする人は、そうだと自覚している気配がありません。気づかない

のです。気づかないから改善しません。だから、お金のことで頭が痛い。この悪循環から抜け出せなくなります。いま頭が痛くなくても、そのうちそうなっていきます。神さまからケチと思われたら、早晩お金が足りなくなるのです。

では、自分にとって「妥当な額」とはどういう基準で決まるのでしょうか。神さまはこう教えてくれました。

「自分のために使うお金と、人のために使うお金のバランスが重要」

つまり、人のために使うお金と自分のために使えるお金の割合が、半々なら上出来で、お金に困ることがありません。そして、自分のための買い物に使ってよいのは、もしものとき、いざというとき、人のためにこれくらい出す覚悟がある、という額までが妥当なんです。どんなにお金持ちでも、人のために使うお金がほんのちょっぴりだと、高価な宝飾品などを身につけるのは分不相応というわけです。

身体でも栄養のバランスが崩れると、健康を害してくるように、お金もそのバランスを崩すと、金運がどんどん下がって、手元からお金がなくなってしまいます。

まず、誰かに感謝を表したり、喜ばせたり、あるいは困っているときに力になってあげたりして、その次に自分のために使う。それくらいお金の使い方がバランスよくできるようになると、お金が喜んであなたのところへ戻ってくるでしょう。

人のために使うお金は、不思議と入ってくる

真心で出すお金は、
あなたのところへ帰ってきます。

「人のためにお金を使えない人、『ありがとう』と口先だけでお礼をする人はしあわせにはなれない」と、神さまはいつも言います。

けれど、人のために使うお金をたくさん持っていないからといって、しあわせになれないというわけではありません。つまりこういうことです。月収百万円の人にとっての十万円と、月収二十万円の人にとっての十万円は価値が違います。金額は絶対的なものではなく、その「価値」がものをいうのです。お金のある人がみんな、人にたくさんのお金を使うかというと、そんなことはありません。収入の少ない人がみんな、人に多くを使わないかというと、それもそんなことはありません。金額の大きさは違っても、心が伴っているかどうか、そこを神さまは見ているのです。

人は神さまに、自分のことは大金を払ってでも必死で頼むのに、なぜか他の人へのお礼、お祝いやお悔やみは「お金がないからできない」という人がいます。「しない」ことをまるで「できない」ことのように自分や他の人に言い訳して済ませてしまいます。そういう人は、「神さま、どうかあの方の喜ぶ顔を見られますように、奇跡を起こしてください」とは頼みません。しかし、自分や家族が難病にかかったら、「神さま、奇跡を起こしてください」と、すがりつきます。こんな気持ちでいることが、いつまでも貧乏から抜け出せない一因になっているかもしれません。

「商売が繁盛しますように」「給料が上がりますように」と自分のことを頼んでも、神さまはなかなか動いてくれないものです。でも、人のために使ったお金は、後から不思議と入ってきます。いま仮に貧乏でも、いざというときに人のためになけなしのお金を使うことができるような人であれば、じきに豊かになってくるんです。逆に、いまどんなに稼ぎがあっても、自分にはたっぷり使うのに、人に使うときは人並みの使い方では、バランスが取れていないわけですから、じきに窮してきます。

『食べていけるお金さえあればいい』と言う人は、自分のことしか考えていない

……………

お金は、ないよりもあったほうがいいのです。

神さまは、こう言います。「『食べていけるお金さえあればいい』と言う人は、自分のことしか考えていない」。

たしかに、「そんなに儲からなくていい、食べていけるお金さえあれば……」と、言う人がいますね。そして、そういう人は、私利私欲のない高潔な人のように思えます。けれど、わたしは食べていけるだけのお金しかないなんて、つらい！　お財布に余裕がなければ、人を喜ばせたり、助けたりできる選択肢はぐっと減るからです。みんなと食事にも行けないし、プレゼントもあげられません。つまり、食べていけるだけのお金さえあればいい、と本気で言っている人は、人のことを考えていない人だと思うんです。

だから、知恵を絞って明日も働きましょう。たとえあなたが専業主婦などで、収入のある仕事をしていなくても、自分の生活を支えてくれる人、たとえばお父さんやご主人、息子さんや娘さんに、気持ちよく働ける環境を整えていくことはできます。

自分も喜んで、自分の大切な人たちも喜ぶ。そのために働くことは、人間の生きる喜びでもあります。そういう生き方をする人は、毎日がしあわせ。未来も、きっとしあわせ。

お金で解決できることは、お金で済ませなさい

お金は手段のひとつ、という考え方が大事です。

金銭トラブルの相談で、神さまはいつもこう言います。

「お金で解決できることは、お金で済ませなさい」。

ちょっと誤解されそうですが、それは「心を優先しなさい」という意味です。

お金は目的ではなく、手段にすぎないし、目的達成の道具でしかない、ということを「お金にも心がある」の項でお話ししました。それは頭ではわかっていても、心の底から理解するのはむずかしいものです。お金は「命の次に大事なもの」と思っている人も多いですね。そこまで思わなくても、「自分の手元に入ったお金は大切にしなければ」という考えは誰にでもあります。けれども、お金に執着すると、物事の本質が見えなくなってきます。大事なのは、「お金は道具」という考え方なんです。

もめ事を起こしてまで、お金にこだわるくらいなら、お金で済むことはお金で解決すべきです。でも、ここで言う、お金で解決とは、人の大切なものを壊したりしたとき、「お金さえ出せばいいんでしょ」という、相手の心を踏みにじるようなことを言っているのではありません。自分が損をしたくないという理由で、人と争うようなことを起こさない、という意味なのです。

たとえば、貸したお金が約束の日までに戻ってこないとします。何度か催促しても返してもらえません。もちろん返さない人が悪いのですが、そこで相手ともめると、たとえお金が戻ってきたとしても、それは逆恨みの乗ったお金です。けれど、そのお金をあきらめ、もめ事を起こさなければ、自分は損をしたと思うような結末になりますが、人の恨みを買うことなく、お金はまた別の形で必ず戻ってきます。すぐにはあなたの気はおさまらないかもしれないけれど、返さなかった人のことは、神さまにお任せしておけばいいんです。

お金にとらわれすぎないこと。人の心を押さえつけてまで、お金を手に入れることを目的にすべきではありません。

払わなくていいお金を払うと、お金が入ってくる

……感謝を形にすることが大事です。

神さまは、「払わなくていいお金を払うと、お金が入ってくる」と言います。「払わなくていいお金」とは、つまり相手に要求されたわけではなく、自分から進んで感謝の気持ちを表すお金のことです。

たとえば、弁護士に仕事を依頼し、百万円の請求書が届いたとします。その額を渋々払うか、気持ちよく払うか。間違いなく言えることは、請求書が届かなければ、それだけの額を支払っていないということです。任意のお礼だと、「したい気持ちは山々なんですけど……」と、手元にある中でするから、過少になりがちです。仮に出せても十万、二十万が関の山でしょう。しかも、「十万もした、二十万もした」と訳のわからない勘違いをする人もいます。

人はなぜ、「ご苦労さま」にお金を払いたくないんでしょうか。なぜ、払わないでいいなら払いたくないと、感謝を形にせずに済ませてしまうのでしょう。

わたしは、払わなくてもいいものにも払いたい人になりたいんです。人の労力や心遣いに感謝して、お礼をしたい。人をもてなし、喜ばせたいのです。

人は「わたしだって、お金があればしますよ」と言います。けれど、断じてそれはないと言えます。お金がたくさんあるから、人のためにたくさん使うのではないんです。そこに気持ちがなければ、惜しくて使えません。貯め込む人と、自分のことに過分に使う人は、お金がいくらあっても人のためには使わないものです。神さまがこう言いました。

「お金の使い方は人間の幸不幸を左右する、もっとも肝心な要素だ」と。

そして、気持ちよく、感謝の心で払ったお金は、必ず戻ってくるものなのです。

お告げセレクション その五

「女性として」

女性のあなたに、そっと教えておきたいことがあります。

わたしを知る

多くの人は、善人になったり、
悪人になったり、流動的です。

「自分を知ることから、道が開けていく」とお話ししてきました。

では、どうすれば自分を知ることができるのでしょうか。

自分が誰に、どんなことを言われたとき、されたときがうれしいか、誰に何をしてほしいか。また自分は誰に、どんなことを言われたとき、されたときに腹が立つのか。誰も見ていないときに、素直な気持ちになって書き出してみてください。自分の心の傾向がわかります。

そして自分は、自分をどんなときに、どういう風に演出しているか（気づいているかどうかは別として）、考えてみましょう。自分以上に自分をよく見せたくて、人より損をしたくなくて、言動を演出してはいませんか。

また、人は多面体です。毎日、同じ心の状態とはいきません。悪人とまではいかなくても、必ずしも善人でいられない日もあるものです。

誰かを応援するような口ぶりで、実は心の中では失敗すればいいと思っていたり、自分より目下の人が成功するのを許せなかったり。心から、人の幸せを喜べる。そういう人が善人というものです。

さて、あなたはどうでしょうか。自分の気づかなかった、ほんとうの自分が見えてきたでしょうか。そこまで知れば、もう、運命を切り拓く考え方はほとんど理解できたと同じです。

自分を知らない人は、自分を知ろうとしません。ほんとうの自分を無意識が打ち消して、「虚像のわたし」を作り上げていきます。それを真の自分だと、疑いもなく信じています。自分を知らないと、運命は空回りするばかりです。

出てきた結果には原因がある

現在を変えていくには、過去を見つめ直すことも必要です。

人の相談にのる仕事をしていて、切ないことのひとつに、「思春期を過ぎた子どもの真実を親は知らない」ということがあります。

親が子どものことで相談に来ても、親というのは子ども本人の次に子どものことを過大に評価しているから、「いい子で、悪いことはできない（しない）子だ」と、みなさん、思い込んでいます。だから、わたしはその人に、いま抱えている悩みや、叶わない願いの原因を教えたくても言えないのです。

もしかしたらその人の子どもは、不倫をしているかもしれない、身勝手なのかもしれない、お金のことでケチなのかもしれない。だから、それなりの悩みが出ているんです。でもそんなことを親は知りません。「まさか、自分の子に限ってそんなことはない」と思うものです。

人生を考えるとき、軸を間違えば、ボタンの掛け違いのように、すべてが歪《ゆが》んできます。神さまから教わったことのもうひとつに、このお告げがあります。

「もし、世界中の子どもが自分の子だったら、みんないい子。世界中の子どもが他人の子だったら、みんな悪い子」。それほどまでに、親というものは、自分の子どもを盲愛しているものなのです。

人生の軸を確かめるとき、子どもだけを見ていては、何もわかりません。軸となるのは、出てきた結果なのです。結果こそが真実を物語っているということ。この軸さえぶれないでいれば、真実が見えて、何をすれば道が開けるのかがわかってくるのです。

心と身体はつながっている

……………年齢を重ねても、力を充実できるのは、
考え方ひとつです。

しあわせをつかむには、気力、体力、知力が十分であるほど、その可能性は広がっていきます。

わたしの場合、気力……かなり強く充実しています。知力……良い本を読むことで少しでも充実するように努めています。

体力……これが悩みの種でした。

以前、誰かに、一番欲しいものは？　と聞かれ、「体力！」と即答したほど渇望していました。なぜなら、体力さえつけば、仕事でもプライベートでも、できることが増えるからです。それまでは、考え方がよくないから、体力がなかったのです。つまり、物事を悪く取り、余計なことをくよくよ考えることが多かったと思います。

そこで、体力をつけるため、考え方の入り口を変えました。何事も素直に受け止めて、それ以上でもそれ以下でもない、真実のみを受け入れるようにしたのです。

もちろん、食べ物にも気を遣い、厳選した良いサプリも飲みまし

Mercedes

たが、肝心なことは、まず心。

体質は性質なんです。考え方が身体を作ります。考え方が変わるから血が変わり、血が変わるから、細胞が変わる。細胞が変わるから、身体が変わる。つまり、元は考え方なのです。考え方が七割、方法論が三割の法則とも言えます。

悩んだとき、何かを希望したとき、どうやったら道を開くことができるのか。人はそれがわからずに苦しみます。願いが叶わないから苦しむのではありません。何をすればいいのかがわからないから、苦しいのです。

人としてしあわせになれる考え方、生き方を学び続けていきましょう。

人のせいなんてことはない

……なぜこうなったかを考えれば、
答えはいつも自分にあります。

わたしは、かつて妊娠二十週で死産を経験しました。長女が一歳半のときでした。普通に陣痛がきて分娩し、助産師さんから、「男の子です。先生がお話ししていたとおり息はしていません。お顔、見ますか」と言われました。わたしは、死んで生まれてきたわが子を見たら、あきらめもつかず、立ち直れないと思い、目を閉じたまま開けることができませんでした。分娩台の横で、掌《てのひら》に収まるほどの小さな赤ちゃんを抱いて主人が泣き崩れました。

大学病院の病室は、二人部屋。同室の方は、わたしのような患者が相部屋になって、きっと気を遣ったことでしょう。わたしは声を殺して一晩中泣きました。退院するまで泣きました。

なぜこうなったか、考えました。すぐに気づきました。主人の両親に対して、わたしの考え方が、可愛げがなさすぎたからです。神さまから「義理の両親に対して素直になれないとき、反発していやがるとき、出産の異常や婦人科系の病気をすることが多い」と教えられていました。

　これは、とてもデリケートな問題です。結婚した女性が、少なくとも一度は直面する問題かもしれませんね。それぞれの立場で思うところはあるのかもしれませんが、相手を責めることより、自分を反省したほうがぐっと良い結果をもたらしてくれるなら、思い切ってそうしてみたほうが自分のためなのだと、わたしも身を以《もっ》て体験しました。

　苦しいことや、つらいことや、悲しいことがあったとき、何かのせいや、誰かのせいにしてしまいたいことがあります。そうすれば、一時的に自分が楽になるからです。でも、それでは、悩みは解決しないし、願いも叶いません。同じ悩みを繰り返さないためにも、自分の気持ちを切り替えて、前を向いて歩きたいと思いました。この気持ちで、暮らしていたら、わたしもその後、無事に女の子一人、男の子二人を授かりまして、無事に出産することができ、四人の子どもに恵まれたのです。

困ったことがあっても、人のせいにしないで、自分の考え方を反省してみる。この考え方は、わたしの人生を大きく変えてくれることになりました。

物事には、優先順位がある

みんな大事だけれど、
心がけるべき優先順位があります。

「一番大切なものはなんですか？」と聞かれたとき、あなたが母の立場なら、きっと「子ども」と即答するでしょう。しかし、それでは神さまのしあわせの理には、かないません。

あなたが大事にすべき人の優先順位は、「義理の父母↓実の父母↓夫↓子ども」なのです。この順で大事にしていたら、運も上がるし、願いも叶いやすいのです。

たとえば、年をとった親の病院や老人ホームには、値段の一番安いところを選び、子どもの教育費にはたっぷりとお金をかけるとします。世間的には、子どものために使うお金ですから、立派だとほめられるかもしれません。けれど、神さまはほめてはくれないのです。

とはいえ、投資気分で親にお金を使っても、下心で使っていれば、単なる捨て金になってしまいます。もちろん、何もしない、というのは論外です。そのことをお忘れなく。また、いくらボランティアで人のために尽くしていても、親をないがしろにしているようでは、意味がありません。

嫁姑問題は、昔からよくある話ですね。腹の立つようなこともたくさんあるでしょう。でも、お姑さんを嫌っていては、運は先細りです。

神さまはなにも、「完璧にできた嫁や娘であれ」と言っているのではないんです。そういう心がけでいなさい、ということなんです。

その「心がけ」とは、お姑さんの悪口を言って自分を消耗したり、旦那さまを怒らせたり、傷つけたりするよりも、嬉しいこと、ありがたいことを拾い上げて、自分がまず感謝をすることです。そういうことからはじめていけば、相手も変わってくるし、気持ちよく毎日を過ごせて、結局は自分が楽になり、人生が良いほうにどんどん動き始めるのです。わたしのところに相談に来られた女性で、このことに取り組んだ方は、みなさん、目に見えて願いが叶っているんですよ。
まずは、やさしい言葉をかけ、笑顔を絶やさず接するところから始めてみてください。

お金にならない仕事は、お金で買えないものを手に入れることができる

人生、最後に手元に残るのはお金ではありません。

たとえば、新学期になると、学校や幼稚園では役員を決めますね。みなさん、できれば自分はやりたくない、ということで理由をつけて人に押しつけようとします。確かに、面倒な仕事が増えますし、タダ働きですし、「気の重い人間関係が生まれるのでは」という不安もあります。ところが、もしも役員の仕事が時給三千円だとしたらどうでしょう。やりたい人が殺到するんじゃないでしょうか。

神さまはこう言います。

「お金にならないことをできる人は、お金では買えない宝を手に入れることができる」

この本で、「お金は手段であり、道具でしかない」とお話ししましたね。お金をいくら貯め込んでいても、手に入らないものはたくさんあります。でも逆に、お金にならないことを喜んでやれば、素晴らしいご褒美が待っているようですよ。

いつまでも
出会ったときの気持ちで

……………

慣れがしあわせを遠ざけることを忘れないで。

わたしにとって主人は、夫であり、恋人であり、友人です。彼への思いは、出会った頃と変わりません。ひとつだけ変わった関係があるとするなら、わたしの四人の子どもの父親ということです。

出会った頃と同じ気持ちでいるために、主人にとって可愛い女性でありたいと思っています。あなたが大切、あなたが大好き、という気持ちを隠しません。食事のときも、炊きたてのご飯は、まず一番に主人のお茶碗によそいます。たとえ出張などで同じ食卓にいなくても、必ず主人のお茶碗に少しだけご飯をよそいます。子どもたちも、「ママはパパを大事にしているんだ」と思っていますし、わたしたち家族を支えているのはパパなんだ、という意識も持っています。

子どもたちから、「ママ、パパの前ではブリッ子!」とよく言われます。おっしゃるとおり。主人の前では気を抜きません。そして、もし主人が浮気したときに、「もっと大事にしておけばよかった」「きちんとしていればよかった」とわたし自身が後悔しないで済むように、心がけているんです。お風呂上がりのスキンケアも、朝のメイクアップも、楽しみながら、ていねいにします。

わたしは、冬でも足のネイルを欠かしません。「冬は誰の目にも触れないのにするの？」とよく聞かれます。そのたびに「自分が見るから」と答えているのですが、ほんとうは主人に足元を見られたとき、キレイな足元でいたいからなんです。

大切な人と一緒に暮らせるしあわせをいつまでも味わいたいなら、いつも出会ったときの気持ちのままで。

エピローグ　しあわせへの道を歩きたいあなたへ。

「頑張る」という言葉が好きです。

時代は「頑張りすぎないで」「無理しないで」「自分らしくのんびりと」という雰囲気ですが、わたしは、ちょっと背伸びしてでもがんばるのが好きなんです。

わたしはこの本で、「癒し」を目的とはしていません。あくまでも、あなたに元気、パワーを伝えることが主眼です。なぜなら、人生のうちに、一度や二度は死ぬほど頑張る時間も必要だからです。そして、がんばって、目標に達したときの喜び。あなたがその実感も得ないまま、「どうせわたしは……」とあきらめるような、もったいないことはしてほしくないんです。

人が目標に向かうとき、よく「人事を尽くして天命を待つ」と言いますが、わたしは「天命をいただくほどの人事の尽くし方」をすることが大事なんだと思っています。本気になってがんばる。鼻血が出るほどがんばる。運命を切り拓こうという人なら、勇気を持って一歩を踏み出してほしいんです。

もちろん、眉間にシワを寄せて、空回りするようながんばりは、周囲もあなた自身も疲れてしまいます。だから、「しあわせへの道を歩く考え方」である神さまのお告げのほんの一部を、本書にご紹介しました。

まずは自分をよく知り、人の言葉や行為を何事もよく受け取って、感謝し、迷った時には原点に立ち戻って、自分がどう見られたいかではなく、どういう人になりたいかをしっかりイメージする。そういう日々を重ねていけば、おのずと道は開けるんです。

重ねて言いますが、しあわせへの道はあなたの目の前に、ちゃんとあるんです。あなたが、その道を歩くか、歩こうとしないか、それだけなのです。

どうか、あなたの人生が、スキップしながらしあわせへの道を進んで行くようなものになりますように。

運が良い、悪いというのも、すべて自分のしたことの結果です。ほほえみを絶やさない人には、ほほえみの好きな運が集まってきます。どうぞ、楽しく、うれしく、軽やかな日々を過ごされますように。

二〇一一年初秋

井内　由佳

文庫版刊行に寄せて

平成二十三年に単行本として生まれたこの本が、わたしがお伝えしたかったことを書き足して、文庫本として生まれ変わりました。

多くの方が、わたしが「神さまとお話できる」と言うと、神さまに祈禱したり、必死にすがりついて、人の頼み事を神さまに伝えるようなことをしていると思われるようなのですが、実は違うのです。神さまは、祈る人の願いを叶えてくださるとは限りませんし、祈らない人でも大きく願いが叶うことがあるのです。

この二十数年の間、神さまが、わたしにいろんなことを話しかけてくださる中で、神さまには、好き嫌いがあるということがはっきりわかったのです。よく、「神さまは全てを包み込んでお許しになる」ということを言う人もいますが、そんなことはなく、神さまは悪をすごく嫌います。それとは逆に、人の優しい気持ち、温かい真心がとてもお好きです。

なんだかんだ言っても、誰がどう否定しても、この世に神さまは在るのです。それは、ほとんどの赤ちゃんが十月十日《とつきとおか》前後で産まれてくることや、人が生きるための条件である、水や酸素や食べ物が地球に存在することに、説明がつかないことこそがその証拠なのです。

そして、人に対して、神さまが大きく力を働かせていることも、厳然たる事実なのです。運が良いとか、悪いとかも神さまの仕業なのです。本文でもお伝えしたように、運を良くするには、もちろんその人が努力をしているというのが大前提ですが、それとは別に、さらによくするための考え方があり、どんなに一生懸命努力しても、その考え方が神さまに気に入られなかったら、思うような結果が出ないのが事実なのです。

一生懸命頑張っているあなた。人知れず努力しているあなた。せっかくだったら、その努力が大きな良い結果をもたらすように、どんな考え方をすれば、神さまに気に入ってもらえるか、それをしっかり覚えていただきたいと思い、それをこの本に書きました。

いまのあなたのままだったら、あなたの人生はいまの延長にしかなりません。「あなたは、あなたのままでいい」と言って差し上げたいのは山々ですが、それはいまのままでいいと思う方にだけ当てはまる言葉です。あなたが、もっともっとしあわせに、豊かになりたいのなら、この神さまの好きな考え方を覚えて今日からの生活に取り入れることをおすすめします。わたしをはじめ、わたしが相談にのらせていただいた多くの方が、そうすることによって結果を出し、しあわせになっているからです。

一度きりの人生。うれしく、楽しく、しあわせに生きましょう。あなたもそれがいいはずです。後ろから、そっと背中を押して差し上げます。

平成二十六年初夏

井内由佳

この作品は二〇一一年九月文屋より刊行されたものに加筆修正をしたものです。

幻冬舎文庫

●最新刊
実録！　熱血ケースワーカー物語
碇井伸吾

車の〝当たり屋〟として保険会社から金を取りながら、生活保護費の不正受給をもくろむ覚醒剤常習者との対決。関西の福祉事務所で、生活保護受給担当を十三年間務めた熱血ケースワーカーの記録。

●最新刊
孤高のメス
遥かなる峰
大鐘稔彦

練達の外科医・当麻のもとに難しい患者たちが次次と訪れる。ある日、やせ衰えた患者の姿に驚愕する当麻。かつての同僚看護婦、江森京子だった――。胸熱くなる命のドラマ、シリーズ最新刊。

●最新刊
世界中で食べてみた危険な食事
谷本真由美　@May_Roma

中国禁断の刺身、肉アイス、宇宙人色のゼリー……。旧ソ連からチュニジアまで、旅した国の滅茶苦茶な食を綴った爆笑の食べ歩き一部始終。鋭い語り口で多くのファンを持つ著者の名エッセイ！

●最新刊
ペンギン鉄道　なくしもの係
名取佐和子

電車での忘れ物を保管する遺失物保管所、通称・なくしもの係。そこを訪れた人は落し物だけではなく、忘れかけていた大事な気持ちを発見する……。生きる意味を気づかせてくれる癒し小説。

●最新刊
たてつく二人
三谷幸喜
清水ミチコ

白クマと黒クマどっちが軽い？　和製オランダ語「サイテヤーク」の意味は？　すきやきに白菜入れる？　タメになることからどうでもいいことまで侃々諤々が止まらない！　会話のバトル第4弾。

わたし、少《すこ》しだけ神《かみ》さまとお話《はなし》できるんです。

井内由佳《いうちゆか》

平成26年6月10日　初版発行
平成26年11月20日　2版発行

発行人――石原正康
編集人――永島賞二
発行所――株式会社幻冬舎
〒151-0051東京都渋谷区千駄ヶ谷4-9-7
電話　03(5411)6222(営業)
　　　03(5411)6211(編集)
振替00120-8-767643

印刷・製本―中央精版印刷株式会社

装丁者――高橋雅之

幻冬舎文庫

ISBN978-4-344-42200-1　C0195　い-48-1

幻冬舎ホームページアドレス　http://www.gentosha.co.jp/
この本に関するご意見・ご感想をメールでお寄せいただく場合は、
comment@gentosha.co.jpまで。